핵 없는 대한민국, 북한의 인질 된다!

우리도 핵을 갖자

핵 없는 대한민국, 북한의 인질 된다!

우리도 핵을 갖자

송대성 지음

기파랑

책을 내면서

　적대국끼리 한쪽은 핵(核) 보유국이고 다른 한쪽은 핵을 갖지 못한 비핵국(非核國)인 경우, 비핵국의 생존 여부를 핵 보유국이 좌지우지하는 일종의 '인질' 신세가 된다. 더구나 핵 보유국이 불량 국가의 속성을 지닌 경우, 인질이 된 비핵국가의 운명은 더욱 비참한 상황에 빠지고 만다.

　한반도 북녘 땅에 공산 정권이 수립된 후 70여년의 분단 역사가 흐르고 있다. 북한은 '한반도의 공산화 통일'이라는 지상지고(至上至高)의 대남(對南)정책 목표를 설정해놓고, 평화와 전쟁 사이의 온갖 스펙트럼을 적용하면서 전략(戰略)과 전술(戰術)을 구사한다. 북한은 1950년 6월 25일, 무력을 총동원한 기습 남침을 감행하여 세계대전을 방불케 하는 처참한 전쟁을 일으키기도 했다.

무력에 의한 한반도 공산화 통일이라는 대남정책의 목표를 이룩하지 못한 북한 김일성(金日成)은 1956년, 과학자들을 구(舊)소련에 파견하여 본격적인 핵 프로그램을 가동하면서 핵무기 개발을 시작했다. 북한 정권은 핵무기만 보유하게 되면 주한(駐韓) 미군을 철수시킬 수 있고, 한미(韓美) 동맹도 파괴할 수 있으며, 북녘 땅에 공산주의 정권을 튼튼하게 수호하면서 한반도의 공산화 통일을 이룰 수 있다는 강한 신념을 갖고 있다.

　북한이 핵무기를 보유하여야만 한다는 과제는 김일성, 김정일(金正日), 김정은(金正恩) 3대 세습 정권의 숙원 과제로서 오늘에 이르렀다. 북한은 분단사 속에서 사회 전반적 남북 경쟁 차원에서 엄청나게 뒤처진 현실을 핵무기 하나로서 해결할 수 있다는 믿음 아래 핵무기 보유에 전력투구하여 왔다. 북한은 군사력 하나로서 남북한 간의 모든 문제들을 해결하겠다는 군사 제일주의에 입각한 대남정책을 펼치고 있다. 여기에 비해 한국의 역대 정부는 북한의 객관적 실체에 대한 무지(無知)와 왜곡된 인식, 합리적 대응책 미(未)수립 등으로 인해 북한은 사실상 핵 보유국이 된 반면, 한국은 벌거벗고 서있는 비핵국의 처지가 되었다.

　한국의 역대 정부는 북한의 객관적 실체와 그들의 대남정책에 대한 정확한 인식의 결여로 북한을 때로는 같은 동포이자 적대국으로 인식하기도 하고, 때로는 북한이 우리의 형제 동포이지 적은 아니라는 인식을 갖기도 했다. 북한에 대한 이 같은 인식의 변화는 다양한 대북(對北)정책들을 양산케 했다.

　그런 다양한 대북정책들 속에서 핵개발에 대한 대응책은 일관성과 합리성을 상실한 가운데 실효성 있는 북한의 비핵화를 달성할 수가 없었다. "하늘이 무너져도 핵을 보유하겠다"는 북한의 일관성 있는 신념과 노력들에 비해, 한국 정부는 일관성 있는 독자적인 대응책 없이 시간을 낭비하다가 '핵 보유국 북한' '비핵국 한국'이라는 현실에 직면했다.

　북한은 2016년 1월 6일 제4차 핵실험, 2월 7일 제4차 대륙간탄도탄 미사일 실험을 감행했다. 국제적인 인정 여하에 관계없이 북한은 실제적인 핵 보유국이 되었다. 2016년 5월 6~9일에는 제7차 노동당대회를 개최하면서 '항구적인 핵 보유국', '동방의 핵 대국'을 선언했다.

　한국은 1992년 북한과 함께 서명한 「한반도 비핵화에 관한 남북 공동선언」이라는 사기(詐欺)문서에 의거, 기왕에 보유하던 미국의 전술 핵무기들마저 미국으로 철수시켰다. 현재 한국은 단 1기의 핵무기도 보유하지 못한 100% 순수한 비핵국가이다. 결과적으로 핵 보유국 북한에 의해 한국은 거의 '인질'이 된 상황이다.

　국가안보는 어떠한 상황 하에서도 절대로 포기가 있을 수 없다. 북한이 사실상 핵 보유국이 되어 한국을 공격 목표로 삼고 핵무기들을 실전배치하고 있는 것은, 한국의 생존이라는 차원에서 대단히 어려운 상황이라고 하지 않을 수 없다. 그러나 국가안보는 어렵다고 포기하고, 쉽다고 이행하고 하는 과제가 아니다. 국가안보를 포기함은 국가생존을 포기함을 의미한다.

이 책은 현재 북한 핵과 관련하여 심각한 위기에 처해있는 한국이 지상지고의 가치인 '한국 생존'을 절대로 포기할 수 없다는 강한 신념 아래, 모색할 수 있는 방안들을 총동원하여 정리했다. 북한의 핵 보유국화라는 지각변동적(地殼變動的)인 안보 위기 속에서 오직 '한국 생존'이라는 대명제를 머릿속에 간직하고 이 책을 펴낸다.

한국 국민들에게 생존이라는 가치보다 더 고귀한 가치는 있을 수 없다. 훌륭한 조상들의 피와 땀으로 젖어있고, 후손들이 영원히 인간다운 삶을 영위할 우리 조국 한국! 한국은 어떠한 생존의 위협도 물리치고, 발전과 번영을 구가하면서 힘차게 전진하고 번영하여야만 한다. 역사 흐름에서 하나의 진리는, 비(非)인간적이고 비(非)순리적인 역사를 이끄는 주역들은 인간다운 삶이나 순리적인 역사를 이끄는 주역들에 의해 쓰레기가 되어 소멸한다는 것이다.

이 지구촌에서 가장 비인간적인 삶의 현장인 북녘 땅에서, 온갖 악한 에너지들을 총동원하여 완성시키고 있는 잔혹한 대량 살상 무기인 핵무기가 역사 흐름의 진리에 의해 실제 사용이 불능화(不能化)되기를 나는 기원한다. 더불어 동족을 살상하려는 악행(惡行)의 주역들이 하루 속히 소멸되는 역사가 진행되기를 기원한다. 이 책이 우리 조국 한국을 북한 핵으로부터 안전하게 보호하고,

영원한 발전과 번영에 일조할 수 있었으면 하는 간절한 소망을
품어 본다.

2016년 7월

서울 방배동 연구실에서

송대성

차례

들어가는 말

———————

"북한 비핵화 전략은 실패했다!"

북한은 지난 2016년 1월 6일 제4차 핵실험, 그리고 2월 7일 제4차 대륙간 탄도탄 미사일(Rocket Missile) 실험을 단행했다. 이들 실험의 결과, 북한에 대한 비핵화는 실패하고 북한은 국제적 인정 여부와 관계없이 사실상 핵 보유국이 되었다. 2015년 초부터 북한의 비핵화는 사실상 실패했다는 많은 주장들이 계속 이어졌다.

2015년 2월 25일, 북한 전문 미국 사이트 「38노스」를 통해 조엘 윗트(Joel Wit) 교수는 "북한은 2020년까지 최대 100개의 핵무기를 보유할 것이며, 미국 본토까지 사정권으로 하는 ICBM 20~30기를 보유할 가능성이 높다. 미국의 북한 핵 억지 전략은 실패했다"[1]고 밝혔다.

북한 사회가 워낙 폐쇄적이고, 그 내부에서 발생하고 있는 상황들에 대한 정확한 정보를 획득하는 일이 대단히 어렵기 때문에 실제 북한의 핵무기 완성이 어느 정도인지 정확하게 이야기하기는 어렵다.[2] 그러나 한 가지 결론은 "북한은 거의 핵 보유국이 되었고, 현재와 같은 한국 및 주변국들의 북한 비핵화 노력들은 그 실효성이 극히 미흡하다"는 점이다.

미국 오바마 행정부 국무부 부장관 토니 블링큰(Tony Blinken)은 2016년 4월 28일, 하원 청문회에서 "미국과 중국이 북한의 핵·미사일 프로그램에 쓰이는 자원 획득을 어렵게 만들기 위해 중대한 조치를 취해왔지만 북한의 핵·미사일 개발은 계속되고 있다.… 북한은 소형화된 핵탄두를 장착한 탄도미사일로 미국과 우

---

1) 북한 비핵화 실패와 관련된 주장들 중 대표적인 것들은 "북한은 2020년까지 KN-08 20~30발, 핵무기 100여 발을 보유할 가능성이 있다"(2015. 4. 9. 미국 Aerospace Cooperation에 근무하는 군사전문가 John Schilling와 Henry Kan, 「38 North」에 "The Future of North Korean Nuclear Delivery Systems" 제하 기고); "핵 경쟁이 냉전시대와는 다르고 어떤 면에서는 더 복잡해지고 있다. 북한은 핵 무장국(a nuclear-armed country)이고 이란은 핵무기 능력을 획득하려는 야욕을 갖고 있다" (2015. 6. 2, 미국상원이 심의한 국방 수권법 중 '세계 핵 환경에 대한 평가' 조항에서) 등임.

2) "북한의 핵개발 프로그램 관련 아는 바가 많지 않다는 것은 조금도 이상할 것이 없다. 세계적인 이스라엘 정보기관들도 북한 핵개발에 대한 정확한 정보를 갖고 있지 못하다. 북한 핵 프로그램 관련 많은 토론들은 대부분이 추정(guesses)이나 추측(estimates)에 기반을 두고 있다…" (Center for the National Interest, "Welcome to North Korean Nuclear Weapons 101" September 26, 2015 참조)

리의 동맹, 우방을 타격할 수 있는 날에 가깝게 가고 있다"고 평가하면서, 북한의 비핵화 실패와 북한의 핵무기 실전 배치가 가까웠음을 증언했다.[3]

2016년 5월 7일자 미국의 《뉴욕타임스(NYT)》는 "북한이 한국과 일본을 타격할 수 있는 중·단거리 미사일에 소형화한 핵탄두를 탑재할 능력을 갖추었다. 이 중·단거리 미사일은 스커드와 노동 미사일이다. 북한 스커드 미사일(최대 사거리 300~700km)은 한국 전역을 타격할 수 있으며, 노동 미사일(최대 사거리 1천300km)로 일본에 있는 대부분의 미군 기지를 공격할 수 있다.

스커드와 노동에 실을 수 있는 폭탄 무게는 750~1천kg으로, 북한이 개발 중인 사거리 1만km의 장거리 미사일(500kg 이하 추정)보다 많이 탑재할 수 있다. 북한은 현재 스커드 미사일 500발, 노동 미사일 300발을 보유하고 있는 것으로 알려져 있다.…

한미 정보 당국은 고위급 탈북자들로부터 얻은 정보, 북한이 공개한 사진, 북한의 핵·미사일 실험자료 등을 종합해 이상의 평가를 내렸다.…북한의 핵 기술 발전으로 한국을 비롯한 미국의 동맹국과 오바마 정부의 대북 전략이 새로운 시험대에 올랐다"고 보도하면서, 북한이 사실상 핵 보유국임과 동시에 거의 실전 배

---

3) 美 국무부 副장관 "한·일은 최강 동맹… 미군 주둔에 상당한 지원"(2016. 4. 29일자 연합뉴스, http://www.yonhapnews.co.kr/dev/9601000000.html 2016. 4. 29 검색)

치국임을 지적했다. [4]

한국인의 한심한 북핵 인식

북한 비핵화 실패는 한국을 생존 차원에서 대단히 심각한 상황에 직면케 만들었다. 북한이 핵 보유국이 됨과 함께 한국이 생존권 보존 차원에서 직면하게 되는 심각한 문제점은 다음 세 가지로 요약할 수 있다.

첫째, 한국은 북한의 핵무기 보유가 얼마나 심각한 상황이 되는 지에 대한 인식이 미흡하다는 점이다. 그동안 역대 한국 정부는 대북정책의 주안점을 남북한 간의 대화·교류협력 등에만 맞추면서 북한의 비핵화 이슈에 집중하지를 않았다.

북한은 3대 유훈(遺訓) 사업으로서 "하늘이 무너져도 핵무기 개발을 포기하지 않는다"는 사생결단의 자세로서 핵무기를 개발해 왔다. 그러나 그동안 한국에는 각양각색의 정부들이 등장하면서 대북정책에 대한 일관성도 없었고, 북한의 비핵화를 위한 적극적인 노력도 없었다. 이러한 한국의 대북정책은 결국 북한이 핵 보

---

4) "As North Korea's Nuclear Program Advances, U.S. Strategy Is Tested"(By David E. Sanger and Choe Sang-Hun, last updated: May 7, 2016, www.nytmes.com/, 검색일: 2016. 5. 9일자)

유국이 되도록 허용했다.

한국 국민들의 북한 핵 보유에 대한 인식 부족은 심각한 수준이다. 한국 국민들은 북한 핵에 대해서 아예 관심이 없거나, 관심은 있을지라도 왜곡된 인식을 가진 것이 큰 문제점이다. 분단 70여 년의 역사를 통해 북한의 끊임없는 각종 대남 도발들은 한국 국민들로 하여금 도발에 대해 무관심 혹은 불감증을 갖게 만들었다.

북한이 핵무기 혹은 미사일을 실험하면 한국사회에서는 실험하는 당일과 그 후 며칠 동안에는 그 심각성이 매스컴 등을 통해서 떠들썩하게 거론되다가, 시간의 흐름 속에서 빠르게 망각되어 버린다. 그리고 다시 북한의 도발이 나타나면 또 관심을 갖다가 그 관심은 이내 사라져 버린다.

마치 불을 지피면 팔팔 끓으면서 열이 높아지다가, 불이 꺼지면 금방 식어버리는 냄비 같은 속성의 인식을 하고 있다. 국가안보에서 절대로 있어서는 안 될 국민의식이다.

북한이 핵무기를 보유하게 되면 어느 정도 심각한 상황이 되는지에 대해 전문가들이 경고하면, 일부 국민들은 그 심각성을 그대로 인식하고 합리적인 대응책을 주장하기도 한다. 그러나 상당수 국민들은 "북한 핵은 우리 동족을 겨냥하는 것이 아니다", "북한 핵문제는 미국과 북한 간의 문제다", "북한은 경제적인 어려움 때문에 핵개발이 요원하다", "북한이 핵을 개발함은 그 책임이 주한 미군을 한국에 주둔시키는 한국과 미국에 있다"는 등의 왜곡된 인식과 주장을 한다.

이러한 왜곡된 인식과 주장들은 우리 사회에 깊게 침식되어 있는 소위 이적성 문화(利敵性文化)에 근본 원인이 있다. 우리의 존망을 좌우할 수 있는 적에 대한 이 같은 왜곡된 인식, 혹은 적을 이롭게 하는 인식들이 북한 핵보유에 대한 대응책 불비에 크게 기여했다.

확고하고 독자적인 대응책조차 없었던 역대 한국 정부

둘째, 한국 정부 차원에서 북한의 핵무기 보유와 관련 독자적인 확고한 대응책이 없다는 점이다. 북한이 핵을 개발하고 있는 사실은 어제 오늘 이야기가 아니다. 북한의 핵무기 보유와 관련하여 한국이 생존차원에서 어떻게 대응할 것인가 하는 문제는 여야, 보수와 진보가 함께 고민하고 그 해결책 모색에 골몰해야만 하는 주제다. 북한에서는 김일성에서 김정은까지 3대가 한결같이 핵무기 보유라는 국정과제를 유훈사업으로 추진하였다.

북한의 핵 보유문제에 관해서는 우선 한국 정부가 가장 확고하고, 가장 정확한 독자적인 대응책을 보유하고, 그 대응책을 기반으로 대북정책과 국제 공조정책을 모색하여야만 한다.

북한 정권이 3대에 걸쳐 사생결단하며 일관성을 갖고 핵무기 개발에 올인 하는 것 이상의 신념과 실천력으로 그 대응책을 마련하고 실천하지 않으면, 북한의 비핵화를 달성할 수가 없다. 지금까지 한국의 역대 정부는 사생결단하는 독자적인 대응책을 마련하지도 않았다.

설사 그 때 그 때 대응책들을 마련했더라도 국제 공조나 유엔 제재, 한미 공조, 한중 공조 등에 지나치게 의존하면서 극히 수동적이고 소극적인 노력에 그쳤었다. 예를 들어 북한의 비핵화 문제를 두고 미국이 소극적이 되면 덩달아 소극적이 되고, 미국이 흥분하면 따라서 흥분하는 식의 틀 속에 안주하면서 사실상 북한의 비핵화를 달성하지 못하고 시간만 소모하였다.

제 나라의 이익 차원에서 접근하는 미국과 중국

셋째, 북한의 비핵화를 위해 국제 공조는 반드시 필요하다. 그러나 북한의 비핵화 차원에서 지금까지 국제 공조는 많은 문제점들을 드러냈다. 북한의 비핵화라는 주제는 국제 공조 차원에서 핵심적인 역할을 하는 미국과 중국에는 국가 이익 차원에서 최우선 핵심적인 사항이 아니다.

미국이나 중국은 북한의 비핵화를 위해 다른 국가 이익들을 훼손하면서까지 결사적으로 추구할 주제가 아니다. 하나의 중요한 주제로 다루기는 하지만, 어디까지나 그들 각각의 상대적인 국가

이익 차원에서 다루는 주제인 것이다. 이러한 사항이 북한 비핵화의 실효성을 감소시킨다.

국제 공조 차원에서 중요 역할을 하는 관련국들은 북한의 비핵화 문제를 그들의 국가 이익 보호차원에서 다루고 있다. 예를 들면, 미국은 동북아에서 미국의 국가 이익 차원에서 북한의 비핵화 문제를 다루고, 중국은 중국의 국가 이익 차원에서 다룬다.

미국과 중국이 그들의 국가 이익 차원에서 북한의 비핵화 주제를 두고 상호 이익이 보장되는 경우에는 실효성을 달성할 수 있다. 그러나 그들의 국가 이익과 상치되는 경우 북한의 비핵화를 포기하면서 그들 각각의 이익을 위해 상호 흥정을 할 수도 있고, 북한의 비핵화라는 목표를 포기할 수도 있다는 이야기다. 이러한 점이 북한의 비핵화 실효성을 감소시키는 요인이다.

중국과 북한, 그리고 한국과 미국은 안보 차원에서 각각 특수 관계를 유지하고 있다. 중국은 북한의 비핵화 문제를 중국이 당면한 국가 이익 보호 차원에서, 미국은 미국이 당면한 국가 이익 보호 차원에서 다룬다. 만약 미국과 중국이 각각의 국가 이익 차원에서 갈등을 보유하면, 사실상 북한의 비핵화는 그 실효성을 달성하기가 어렵다.

국제 공조 차원에서 북한의 비핵화를 달성함에 있어서 또 하나의 문제점은 비(非)일관성 문제다. 북한은 3대에 걸쳐 '핵 보유국'이라는 지상지고의 명제를 두고 온갖 사술과 강박을 동원하여 일관성 있게 핵개발 프로그램을 추구해왔다. 이에 비해 국제 공조에 참여하고 있는 각국들은 그러한 일관성을 갖기 힘든 것이 사실이다. 국제 공조에 참여하는 각국들은 정권 교체나 세계 정세 변화로 인해 일관성을 유지하기 어려운 경우가 많을 수 있다.

적대국 간에 한쪽은 핵 보유국이 되고 다른 한쪽은 비핵국인 경우, 핵을 보유하지 않은 국가는 핵 보유국의 인질이 된다. 핵 보유국이 비핵국가를 협박으로 굴종시키고 있는 생생한 역사적 현실은, 중동에서 이스라엘과 아랍국가들 간의 구체적 관계를 봄으로서 알 수 있다. 이스라엘은 주변 아랍 국가들에 비해 인구가 50분의 1밖에 되지 않는다.

그런데 이스라엘은 핵무기를 보유하고 있고, 아랍 국가들은 핵무기를 보유하고 있지 않다. 안보상 결정적인 순간에 이스라엘이 적대국에 "보유하고 있는 수단을 총동원하여 응징하겠다"고 나오면, 비핵국인 아랍 국가들은 울며 겨자 먹기로 굴종하고 만다.

이 책은 북한의 핵 보유국화에 대해 한국 생존 차원에서 어떤 대비책을 마련하고 추진하여야만 하는가를 논할 것이다.

제1장

—

북한은 왜 '핵 보유'에 목을 매는가?

북한이 온갖 국제적 압박과 어려움에도 불구하고 "하늘이 무너져도 핵무기를 건설하겠다"면서 핵무기 보유를 포기하지 않는 이유는 ①핵무기 보유가 김씨 왕조 3대 숙원 과제이며 ②선군(先軍) 정치 병진(竝進)노선을 고수하고 있기 때문이고 ③핵무기 하나로 모든 난제들을 해결할 수 있다는 강력한 믿음을 갖고 있으며 ④핵무기를 보유하게 되면 체제 옹호력과 지도력을 강화할 수 있다는 강한 믿음이 있다는 점 등을 이야기할 수 있다.

북한의 핵무기 보유는 김씨 왕조 3대 숙원(宿願)

북한이 핵을 가져야만 한다는 것은 김일성-김정일-김정은 3대에 걸쳐 유훈으로서 이어져온 가장 핵심적인 숙원 과제다. 김일성은 1950~53년 6·25전쟁에서 무력통일을 달성하지 못한 주된 원인을 미국의 한국 지원이라고 결론 내렸다. 미국이 한국을 계속 지원하는 한 북한 중심 무력통일은 사실상 어렵다는 분석을 했다.

주한 미군의 한국 주둔과 결속된 한미동맹이 존속하고 있는 한 한반도에서 북한 중심 무력 통일은 사실상 어렵다는 결론 하에 발상을 전환한 하나의 아이디어가 핵을 가져야만 된다는 신념이었다.

김일성은 6·25전쟁이 휴전된 후 구체적인 핵개발 프로그램을 완성한 후 1956년 과학자들을 구소련에 보내어 본격적으로 실행에 옮기기 시작했다. 김일성은 핵무기만 소유하면 미국에 대해 "핵폭탄에 주한 미군을 희생시킬 것인가, 아니면 주한 미군을 철수시킬 것인가?" 혹은 "미국은 뉴욕 혹은 워싱턴에 핵 공격을 받을 것인가, 아니면 한미동맹을 파괴할 것인가?"를 선택하라는 식의 협박 수단으로서 핵무기를 이용해 엄청난 실효를 거둘 수 있다는 결론을 내렸다. 그리고 핵무기 개발에 올인 해왔다.

김정일은 1990년대 초 동구 공산권들의 붕괴 도미노 현상을 보면서 "강력한 군사력이 정권을 철저히 옹호하면 절대로 북한정권은 붕괴될 수 없다"는 결론을 내리면서, 소위 '선군정치(Military First Policy)'를 지상지고의 국가 경영 철학으로 선포하고, 이를 강력히 추구하였다. 강력한 군사력 중 가장 핵심적인 군사력은 핵무기요, 미사일이며, 생화학 무기라는 신념을 갖고 핵무기 개발에 올인 하였다.

김정은은 집권과 함께 '경제력 건설+핵무기 건설'을 주장하는 소위 병진노선을 선포하면서, 핵무기 개발 및 보유를 선대(先代)의 유훈사업 혹은 숙원과제로서 추구하고 있다. 김정은은 핵무기 하나만 갖게 되면 북한이 안고 있는 여러 가지 어려움들을 한꺼번에 해결할 수 있다는 신화에 젖어 핵무기 개발에 올인 해왔다.

2012년 말 집권한 김정은은 4년째 접어든 2016년 초부터 제4차 핵실험 및 제4차 미사일 실험을 실시한 후, 36년 만에 제7차 노동당대회(2016년 5월 6~9일)를 개최하여 북한을 '항구적인 핵 보유국'이라고 선언한 다음 "서울을 해방하고 미국을 없앨 것"이라고 협박했다.[5]

북한 선군정치, 병진노선 고수

선군정치는 김일성 사망 이후, 김정일 체제의 본격적인 가동이 준비되던 1995년 초에 북한 내부적으로 논의되기 시작하였으며, 1998년에 핵심적 통치 기치(旗幟)로 정착하였다.[6]

선군정치는 "인민군대의 강화에 최대의 힘을 넣고 인민군대의

---

5) "김정은, 先軍 넘어 先核 정치" (조선일보 2016. 5. 9일자 참조)

6) 북한 정보포털, "선군정치" (www.nkinfo.unikorea.go.kr 2016. 3. 29 검색)

위력에 의거하여 혁명과 건설의 전반 사업을 힘 있게 밀고 나가는 특유의 정치"라고 이야기할 수 있으며, '군사 선행, 군 중시의 정치'라고 이야기할 수 있다.

선군정치의 알맹이는 "강력한 군사력 하나로 모든 것을 해결하겠다"는 내용이다. 그 구체적인 내용은 ①북한의 군사력은 한반도 통일의 원천력이며 ②북한의 군사력은 북한 체제 옹호력이고 ③북한의 군사력은 대남·대외 협상력이라는 주장이다.[7] 병진노선은 김정은이 집권한 후 선군정치에다 '경제력 건설'을 함께 추진한다는 내용을 담고 있다.

북한은 강한 군사력을 사용하여 결정적인 시점에 북한 중심으로 한반도 통일을 달성한다는 끈질긴 집념을 지니고 있다. 한국에 비해 북한은 인구도 적고 경제 역량도 뒤떨어지지만, 강력한 군사력만 보유하면 한반도에서 무력통일을 달성하고 북한이 구상하는 통일 한반도를 만든다는 집념을 버리지 않는다. 북한은 북한군이 정권을 철저히 옹호만 하면 절대로 망하지 않는다는 신앙적인 신념을 고수하고 있다.

김정일은 1990년대 초 동구 공산권 국가들이 붕괴되는 도미노 현상을 초래한 것은 군이 강력하게 정권을 옹호하지 않았던 결과

---

7) 핵무기는 북한 군사력의 요체 중 요체임. 북한은 "북한 핵무기=도깨비 부작방망이(The Magic Mallet of Goblin)"라는 개념을 보유하고 있으며, 남북한 분단사에서 빚어진 지금까지의 모든 격차를 핵무기 하나로서 해결하려는 핵무기 존숭사상을 보유하고 있음.

라고 분석하고, 그에 대한 북한식 체제 옹호 대책으로서 선군정치, 병진노선을 강조하고 있다. 북한은 북한이 강력한 군사력만 보유하고 있으면 대(對)한국 및 국제협상에서 우위를 점할 수 있으며, 절대로 손해 보지 않을 수 있다고 믿는다.

이러한 핵심 내용을 찬미하면서 북한은 아무리 어려운 여건 하에서도 군사력 증강에 총력을 경주한다. 군사력 가운데 핵심이 대량 살상 무기인 핵무기, 미사일, 그리고 생화학 무기다. 그래서 북한은 "하늘이 무너져도 핵무기를 포기하지 않는다"고 강변하면서 핵무기를 보유하려고 용을 쓰는 것이다.

핵무기 하나면 모든 난제 한방에 해결

분단 70년사에서 경제, 사회, 문화 등 각 분야의 남북한 경쟁에서 한국에 비해 뒤지고 있다는 것은 북한도 내심 인정한다. 특히 인간 삶의 질 차원에서 북한은 지상 최악의 지옥 같은 현실이 되어있고, 한국은 화려한 번영을 구가하고 있음을 이제 북한 인민들까지 알고 있다.

2016년 4월 현재 북한을 탈출하여 한국에 정착한 탈북자들의 수가 무려 2만8천여 명이라는 사실이 그 극명한 예라고 할 수 있다. 그러기 때문에 북한 사회의 약점과 한국사회의 실상을 알리는 대북 심리전을 북한은 몹시 두려워한다.

북한은 남북경쟁에서 실질적으로 패배한 현실을 정상적인 방법으로서는 도저히 만회할 수 없다는 사실도 잘 알고 있다. 결국 북한은 남북한 발전의 격차를 한꺼번에 해결하는 방법으로서 군사력을 동원하여 한국을 붕괴시키고, 북한 중심으로 한반도를 통일하는 방안밖에 없다는 결론을 내린 후 부단하게 군사력 증강에 박차를 가하고 있는 것이다.

이것이 선군정치, 병진노선이다. 북한이 구상하는 강한 군사력의 핵심이 핵무기, 미사일, 생화학무기다. 그래서 북한은 사생결단, 핵을 개발하고 핵 보유국이 되려고 한다.

핵무기 갖추면 북한 정권 지도력도 강화

북한은 이 지구상에서 유례를 찾아보기 힘들 정도의 잔혹한 독재 병영(兵營)국가다. 북한 정권의 속성은 잔혹하고 모질며, 비인간적인 독재국가이며, 나라 전체가 마치 군대 막사와 같은 분위기를 풍기는 것으로 알려져 있다.[8]

독재국가에서는 부단히 지도자의 우상 숭배 작업이 진행되는

---

8) 저자는 21013. 4. 1-12. 30 간 탈북자들 중 북한군 출신 100명을 대상으로 ①북한에서 어떤 가정에서 자랐는가? ②군 생활을 하면서 어떤 분야에서 어떤 일들을 담당하였는가? ③왜 조국 북한을 탈북하려고 결심하였는가? ④탈북하여 오는 과정에서 어떤 경험들을 하였는가? ⑤현재 한국에 살면서 북한과 비교하여 어떤 생각들을 하면서 생활하고 있는가? 등에 대한 내용들 중심으로 일부는 수기 공모, 일부는 인터뷰 등을 통해 『탈북 남녀 북한군 출신 34인의 수기』를 발간한 경험을 갖고 있다. 그들 34인이 증언하는 내용들은 북한 사회를 객관적으로 이해할 수 있는 많은 내용들이 있다. 이들의 생생한 증언을 통해 북한 정치체제는 한 마디로 잔혹한 독재 병영국가라고 이야기할 수 있다.

것이 그 한 특성이다. 독재자 지도력 강화를 위해 우상 숭배 작업과 폭압적인 방법들을 동시에 구사하면서 독재자에 항거하는 요소들을 척결한다.

우상 숭배 작업에서 가장 중요한 것은 독재자의 위대한 업적을 칭송하고 과시함이다. 우상 숭배 작업에 동원되는 소재는 실제 사실적인 내용이면 더욱 좋고, 그렇지 못한 경우에는 사실을 침소봉대 혹은 터무니없는 날조를 한다.

북한의 지도자가 핵실험 등 대량 살상 무기 개발을 위한 실험을 하고, 실제 실용할 수 있는 대량 살상 무기들을 확보하는 것은 독재자의 위대함을 과시하는 하나의 위대한 작품이다. 더구나 한국 및 미국까지 파괴할 수 있는 대량 살상 무기를 개발하고 보유함은 독재자의 지도력을 엄청나게 과시할 수 있는 좋은 소재 중의 소재다.

북한이 온갖 어려움을 무릅쓰고 자체적으로 개발하여 보유하게 될 핵무기나 미사일, 그리고 생화학무기는 북한 지도자의 업적을 엄청나게 높게 평가케 하는 최대의 업적이 될 수 있다. 북한이 핵무기를 개발하고 보유함은 김정은의 지도력 제고와 장악력 강화를 위한 좋은 소재가 되는 셈이다.

2016년 5월 6~9일간 치러진 북한 제7차 노동당대회에서 김정은을 "핵·경제 병진노선을 통해 핵보유 강성대국을 이룩한 21세기 위대한 태양"으로 칭송한 것도 똑같은 맥락에서 이해할 수 있겠다.

《노동신문》은 김정은을 21세기의 태양이라고 지칭하면서, 이번 노동당대회가 김정은 우상화의 장이 될 것을 이야기하고 있다. 당 대회에서 김정은은 2013년 3월 자신이 처음 내세운 '핵·경제병진노선'의 정당성을 강조함에 연설의 대부분을 할애했다.

《노동신문》은 이날 사설에서 "우리 조국은 수소탄까지 보유한 천하무적의 군사강국, 주체의 우주강국으로 위용을 떨치고 있다… 오직 김정은 동지가 계시어 우리에게는 세상이 있고 생이 아름다우며 미래가 찬란하다. 세월을 앞당기며 인민의 꿈을 꽃피우는 그이의 발걸음에 이 행성이 움직인다… 영광의 대회장에 찬란히 빛나는 우리 김정은 동지"라고 표현하면서 주체의 핵 강국과 김정은 우상화 작업을 연계시키고 있다.[9]

대부분의 독재자들은 폭압적인 통치를 하면서 많은 죄악을 저지르고, 그 죄악을 각종 사술(詐術)과 강박(强迫)을 통해 합리화시킨다. 그들의 죄악을 교정하려고 하거나 거부하는 외부 세력들에 대해서는 벼랑 끝 전술을 펴면서 대항하는 것이 독재정권의 특성이다.

독재정권 북한은 지구촌에서 최악의 비인권 집단으로서 잔혹

---

9) '핵·미사일 강조한 김정은, 김일성·김정일主義 완성할 이정표' (조선일보 2016년 5월 7일자 참조)

한 학정을 이어가고 있다. 그들의 잔혹한 학정에 대한 반동적인 내외 세력들을 그들이 개발하고 있는 대량 살상 무기들로 제압하겠다고 벼랑 끝 전술을 편다. 그런 한편으로 지도자의 강성 이미지를 강화시키는 것이다.

북한의 김정은은 27살이라는 어린 나이에 정권을 승계한 후 내·외적으로 '어린 지도자'라는 유약한 이미지를 제거하기 위해 여러 가지 정치적인 기법들을 구사하고 있다. 그 대표적인 사례로 내부적으로 김정은에게 불충한 자나 정권에 도전하는 자들을 무자비하게 숙청했다. 그리고 국제적인 강한 만류와 제재에도 아랑곳하지 않고 대량 살상 무기 실험들을 강행하고 있다.

특히 중국을 포함한 세계 모든 강대국들의 요구에도 불구하고 강행하는 핵실험 및 미사일 실험은 실제로 김정은에 대한 강성 이미지 제고에 도움을 주고 있는 것이 사실이다. 김정은의 지도력에 대한 강성 이미지 구축이 핵실험과 핵보유를 재촉하는 하나의 배경이라고 이야기할 수 있다.

제2장

—

북한의 비핵화(非核化), 이래서 실패했다!

2016년 6월 현재 북한의 비핵화가 사실상 실패한 원인들은 여러 가지가 있을 수 있다. 그 가운데 다음과 같은 중요한 실패 원인들을 꼽게 된다.

'핵 보검(核寶劍)'(북한) vs. '남북한 신뢰구축'(한국)

북한의 비핵화가 실패한 중요한 하나의 원인은 한반도 문제의 해결 방안에 대한 남북한 간의 극명한 신념의 차이점이다. 북한은 한반도 문제의 근본적인 해결책은 오직 북한의 강한 군사력만이 그 열쇠라는 강한 신념 아래 70여 년 분단의 역사를 창출해오고 있다.

김일성은 1961년 '경제·국방 건설 병진노선'을 강조하면서 군사력 증강에, 김정일은 '선군정치'를 강조하면서 군사력 건설에 각각 몰입하였다. 여기에다 김정은은 '경제력 건설 + 핵무기 건설'을 강조하는 병진노선으로 군사력 건설에 몰입하고 있다.

북한은 강력한 군사력 중 핵심이 핵무기, 미사일, 생화학무기라는 믿음으로 이들 군사력 증강을 위한 실천적인 국가정책들을 수립하여 이행에 올인 하여 왔다. 그들은 핵무기는 국가적 보배, 즉 국보(國寶)라고 강조하면서 3대에 걸쳐 일관성 있게 핵무기 건설에 매달려 왔다.[10]

그러나 한국의 경우 역대 정부는 정권 교체에 따라 정부의 성격들은 다양하고, 그 만큼 각 정부들의 대북정책도 일관성이 없었다. 박정희(朴正熙) 대통령과 전두환(全斗煥) 대통령 치하에서는 때로는 남북한 간의 대화와 화해의 정책을 거론하면서도, 그 근본 바탕은 안보 역량에 의한 대북정책이었다.

노태우(盧泰愚) 대통령과 김영삼(金泳三) 대통령은 공산권 변화를 의식한 북방정책 등에 관심을 가지면서, 남북 교류와 협력을 어느 정도 중시하는 대북정책을 구사하였다. 특히 노태우 정권은 공산권 국가들과 적극적인 교류·협력에 초점을 맞추었고, 북한과

---

10) 2013. 3. 31 북한 중앙당위 전원회의는 "적들은 우리에게 핵무기를 포기하지 않으면 경제발전을 이룩할 수 없다고 위협·공갈하는 동시에 다른 길을 선택하면 잘 살 수 있게 도와주겠다고 회유하고 있다. 우리는 핵 보검(核寶劍)을 더욱 억세게 틀어쥐고 핵 무력을 질적, 양적으로 다져나가지 않을 수 없다"면서 경제·핵 무력 병진노선을 주장하였음.

도 화해에 의한 대북정책 추진에 노력을 기울였다.

'한반도 평화와 민족의 재결합을 위한 대화·문호 개방'(1988. 2. 25 노태우 대통령, 제13대 대통령 취임사), '남북한 최고책임자 간 정상회담 실시'(1988. 4. 21 노태우 대통령 기자회견), '한반도 군축 3단계 접근 방안 제의'(1988. 6. 10 최광수 외무부장관), '7·7선언'(1988. 7. 7 노태우 대통령 특별선언), '한반도 비핵화와 평화구축을 위한 선언'(1991. 11. 8 노태우 대통령 발표), '남북 사이의 화해와 불가침 및 교류·협력에 관한 합의서 채택' (1991. 12. 10-13, 제5차 남북고위급 회담) 등을 제의하면서 화해에 의해 남북한 문제를 해결함과 동시에 북핵 문제도 해결할 수 있다는 정책을 추구하였다.

김영삼 정부 하에서의 대북정책도 북한의 비핵화에 초점을 맞추는 정책은 아니었다. "어느 동맹국도 민족보다 더 나을 수 없으며 어떤 이념이나 사상도 민족보다 더 큰 행복을 가져다 주지 못함"(1993. 2. 25 김영삼 대통령 취임사), '북한 핵문제 해결/국제원자력 기구 (IAEA, International Atomic Energy Agency) 특별사찰 수락 촉구'(1993. 6. 24 한승주 외무부장관 기자회견), '통일은 화해·협력 → 남북연합 → 1민족 1국가 통일 단계로 추진하여야하는 '3단계·3기조' 통일정책 천명' (1993. 7. 6 김영삼 대통령 제6기 평화자문회의 개회사), '선(先) 핵문제 해결, 후(後) 남북정상회담 개최'(1993. 9. 13 김영삼 대통령 기자회견), '민족공동체 통일 방안 천명'(1994. 8. 15 김영삼 대통령 광복절 49주년 경축사), '남북 화해협력을 통한 민족번영 대북 촉구'(1995. 1. 1 김영삼 대통령 신년사) 등을 제시하면서 북한과 화해를 중시하는 정책을 구사하였다. 그러면서도 북한 핵의 심각성은 인식하고 있었다.

그 후 좌파 정부 10년 동안에는 대북 지원이 북한을 질적으로 변화시킬 수 있다는 소위 '햇볕정책'을 중시하면서, 남북한의 교류협력·신뢰구축을 중시하는 정책을 폈다. 김대중(金大中) 대통령은 "남북 간 화해와 협력을 가능한 분야부터 적극적으로 추진해나갈 것임"(1998. 2. 25 김대중 대통령 취임사), "지하 핵 의혹 시설은 실제 핵무기를 건설하려고 하더라도 4~5년의 기간이 걸리므로 대북포용정책을 포기하고 제재를 가할 단계는 아니라고 생각함"(1998. 12. 7. 김대중 대통령, 페리 대북 정책조정관 면담에서), "한반도 평화와 안정 증진, 남북화해·협력 지속 추진, 대북정책에 대한 국제지지와 공조관계 강화"(1999. 1. 4 김대중 대통령 국가안전보장회의(NSC), (통일·안보관련 3대 목표와 기본 방향 결정) 등을 주장하면서 북한의 비핵화에는 적극적인 관심도, 결정적인 노력도 하지 않았다.

노무현(盧武鉉) 대통령은 김대중 대통령의 햇볕정책을 계승하면서, 북한의 비핵화를 위한 노력 경주보다는 오히려 북한 핵개발을 비호하는 주장들을 했다. "북한이 핵무기를 보유하고 있을 것이라는 미국의 주장에는 충분한 증거가 없다고 생각한다"(2003. 4. 10 노무현 대통령, 미국 워싱턴포스트와 인터뷰), "미국 주도의 대북 압박정책 참여하지 않기로 의견 합의"(2006. 7. 2 노무현 대통령, 중국 후진타오 국가주석과 전화 통화), 2007년 남북 정상회담 시 "남측에서는 이번에 가서 (북측에)

핵문제 확실하게 이야기하고 와라… 주문이 많죠… 근데 그것은 …판 깨기를 바라는 사람들의 주장 아니겠습니까?… 우리는 경수로 꼭 지켜야 합니다. 나는 지난 5년 동안 북핵문제를 둘러싼 북측의 6자회담에서의 입장을 가지고 미국하고 싸워 왔고, 국제무대에 나가서 북측 입장을 변호해 왔습니다… 궁극적으로 경수로 문제, 뭐 그것은 우리가 적극적으로 주장하고 협력할 것입니다" (2013. 6. 24 국정원, 2007년 10월 2일부터 4일까지의 제2차 남북 정상회담 회담록 전문에 나온 노무현 전 대통령 발언 주요 내용(문화일보 2013. 6. 24 '국정원 2007 남북 정상 대화록 공개' 참조), 게다가 정상회담 결과 발표된 '남북관계 발전과 평화번영을 위한 선언'(10.4선언) 8개 항목 내용 가운데 핵문제는 전혀 언급이 없다는 사실 등이 대표적인 사례이다.

이명박(李明博) 대통령은 '비핵·개방·3000'으로 표명된 대북정책을 설정하고 "북핵문제의 완전한 해결과 한반도의 새로운 평화구조를 창출하기 위해 노력하겠다"(2008. 1. 14 이명박 대통령 당선인, 신년 기자회견), '남북대화 제의 및 6·15, 10·4선언 이행 시사'(2008. 7. 11 이명박 대통령, 국회개원 시정연설), "유감스러운 금강산 피격사건에도 불구하고, 북한이 전면적 대화와 경제협력에 나서기를 기대함"(2008. 8. 15 이명박 대통령, 제63주년 광복절 경축사), "북한과 대화하고 동반자로 협력할 준비가 되어 있으며, 북한은 남남 갈등을 부추기는 구태를 벗고 협력의 자세로 나올 것을 촉구"(2009. 1. 2 이명박 대통령, 신년 국정연설) 등을 주장했다. 결국 북한의 비핵화를 대북정책의 한 목표로 잡아놓고, 오직 대화로서 해결해보겠다는 의지를 드러낸 셈이었다.

박근혜(朴槿惠) 정부도 집권 시 대북정책으로서 '한반도 신뢰 프로세스'를 선언하면서 북한의 제4차 핵실험(2016년 1월 6일) 이전까지는 "신뢰를 바탕으로 한반도 문제를 풀되 북한의 핵개발 프로그램은 포기되어야 함"을 주장하는 대북정책을 구사하였다.

"새로운 한반도 시대를 열자. 북한에 추석 이산가족 상봉·비무장지대(DMZ) 세계평화공원 제안, 북한이 핵을 버리고 국제사회의 일원으로 동참한다면 새로운 한반도 시대를 열어갈 수 있을 것이다"(2013. 8. 15 박근혜 대통령 8·15 광복절 경축사), "①남북한 주민들의 인도적 문제부터 해결해가야 한다 ②남북한 공동번영을 위한 민생 인프라를 함께 구축해 나가야 한다 ③남북 주민 간 동질성 회복에 나서야 한다"(2014. 3. 28 박근혜 대통령, 독일 드레스덴 공과대학에서 '한반도 평화통일을 위한 구상' 선언), "작은 통일(비군사적 분야)에서 큰 통일(정치·군사 분야) 추구, 이상가족 상봉, 인도적 지원, 북한 농촌생활 환경개선을 위해 노력"(2014. 8. 15 박근혜 대통령 경축사) 등 대북정책을 남북한 신뢰 구축을 통해 해결하려고 노력했다. 이러한 신뢰를 통해 북한의 비핵화 문제를 해결하려는 의도로 판단되었다.

결론적으로 북한은 한반도 문제를 오직 강한 군사력으로 해결하겠다는 일관된 신념 아래 3대에 걸쳐 '핵은 보검(寶劍)'이라는 생각으로 핵 개발에 온힘을 쏟았다. 한국은 북한 핵이 문제성이 있다는 것을 인식하면서도, 남북한 사이에 신뢰가 구축되고 교류협력만 증진되면 자동 해결된다는 잘못된 정책들을 구사한 결과 북한의 비핵화는 실패했다.

'하늘이 무너져도 핵'(북한) vs. '국제공조 용비어천가(龍飛御天歌)'(한국)

북한의 비핵화가 실패한 또 다른 하나의 원인은 북한이 핵을 보유하려는 자세와, 한국이 북한 핵을 비핵화 시키려는 자세가 그 강인함에서 극명한 차이점을 보였다는 점이다.

북한이 핵을 가져야겠다는 것은 김일성-김정일-김정은 3대에 걸쳐 유훈으로서 이어져 내려온 가장 핵심적인 숙원 과제다. 김일성은 1950~53년 6·25전쟁에서 무력통일을 달성하지 못한 원인을 미국의 한국 지원이라고 결론 내렸다. 미국이 한국을 계속 지원하는 한 북한 중심 무력통일은 사실상 어렵다는 분석을 한 것이다.

주한 미군이 한국에 주둔하고 있고 한미동맹이 존속하는 한, 한반도에서 북한 중심 무력통일은 사실상 어렵다는 결론 하에 발상을 전환한 하나의 아이디어가 핵을 가져야만 한다는 신념이었다. 그래서 김일성은 6·25전쟁이 휴전된 후 1956년, 과학자들을 구소련에 보내어 본격적인 핵개발 프로그램을 시작했음은 이미 언급했다.

김정일은 1990년대 초 동구 공산권들의 붕괴 도미노 현상을 보면서 "강력한 군사력이 정권을 철저히 옹호하면 절대로 정권은 붕괴될 수 없다"는 결론을 내리면서 소위 '선군정치(Military First Policy)'를 지상지고의 국가 경영철학으로 선포하고 강력히 추진하였다.

강력한 군사력 중 가장 핵심적인 요소들은 핵무기요, 미사일이며, 생화학 무기라는 신념을 갖고 핵무기 개발에 올인 하였다. 북한은 "하늘이 무너져도 핵무기를 포기할 수 없다"는 신념과 사생결단의 자세로서 핵무기를 개발하여 기어코 실제적인 핵 보유국이 되었다.

이러한 북한의 핵개발에 올인 하는 자세와는 달리 한국의 경우는 독자적인 대응책과 일관성 없이 막연하게 '국제 공조', '6자회담', '유엔 제재', '한중 공조" 등만 되뇌면서 세월을 보내왔다.

국제 공조란 공조에 참여하는 다른 국가들은 자국의 국가이익 중심으로 북한의 비핵화 문제를 우선순위에서부터 공조의 강도(强度)까지, 각양각색의 무책임한 태도들을 표출하는 바람에 실효적인 북한의 비핵화를 달성할 수 없었다. '하늘이 무너져도 포기할 수 없는 핵무기'에 '국제공조에 의한 북한의 비핵화'는 그 구도 자체가 판정패할 수밖에 없었다.

북한 비핵화 정책이 실패한 가장 중요한 또 다른 이유 중 하나는 중국의 대북 제재에 대한 소극성과 무성의함이다. 북한의 비핵화를 위한 각종 노력들 가운데 중국의 노력은 가장 결정적인 요소다. 그러나 중국은 이 문제를 포괄적인 중국 국익 차원에서 다루고 있다.

북한의 비핵화와 관련하여 중국에 영향을 주는 변수들로는 ① 중국 내 북한 핵에 대한 두 가지 시각: '전략적 자산' vs. '경제 외교적 부담' ②미국과 중국의 군사관계: '반 접근 지역 거부(A2/AD: 중국) vs. '재균형 전략(rebalancing strategy: 미국) ③중·일의 갈등 ④미국-러시아 간 대결 등이 그 변수들이다.[11]

이러한 변수들을 고려하면서 중국의 소극적이고 무성의한 대응은 그동안 북한 비핵화를 위한 각종 제재들에 대해 늘 중국이 가장 큰 구멍들을 제공했고, 이러한 구멍들이 사실상 북한의 비핵화를 실패케 했다.

'선군정치/병진노선'(북한) vs. '통일대박/평화체제 구축'(한국)

북한의 비핵화를 실패케 한 또 하나의 원인은 한국이 북한의 실체를 정확히 모름은 물론, 북한의 대남정책 및 한반도 정책을 정확히 간파하지 못하고 계속 헛발질하는 정책을 구사하였음에 그 원인이 있다.

북한의 정확한 실체는 ①지구촌에서 그 유례를 볼 수 없을 정도의 잔혹한 독재 병영국가이며 ②지상지고의 국가경영 철학은 선

---

11) 김태우, '대북제재와 대북정책 방향'(바른사회시민회의 주최, 2016. 4. 28, 프레스센터 국화실, 정책토론회, 발제논문), p. 6)

군정치/병진노선이며 ③3대에 걸친 불변의 대남정책은 북한 중심으로 반드시 한반도 통일을 달성하겠다는 목표를 세운 정권이다.

북한은 김일성 때는 무력으로 공산화 통일, 김정일 때는 선군정치, 김정은에 와서는 병진노선을 국정과제로 삼고 군사력 증강에 몰두한다. 그리고 남북관계도 ①선별된 남북교류·협력 → ②경제적 실리 추구/한국 내 친북성 문화 확산 → ③군사강국 건설 → ④연방제 통일 등이 그들의 로드맵이다.

북한은 남북한 신뢰 구축이라든가 평화체제 구축이라는 용어를 사용하긴 한다. 하지만 그것은 오직 사술적인 것이고, 일관성 있게 추구해온 정책은 오직 군사력 하나로서 모든 문제를 해결하겠다는 소위 선군정치/병진노선이었다.

북한의 선군정치/병진노선의 핵심 내용은 북한 군사력은 ①한반도 통일의 원천력이며 ②북한 체제 옹호력이고 ③대남·대외 협상력이라는 내용이다. 여기서 북한에 있어서 핵무기는 군사력의 요체 중 요체이며, 북한은 "핵무기는 모든 것들을 해결할 수 있는 도깨비 부작방망이(The Magic Mallet of Goblin)"라는 개념을 보유하고 있다.

한국의 역대 정부가 이러한 북한의 실체와 대남정책을 정확히 인식만 했더라도 실효성 없는 허상적인 대북정책들이 속출되지 않았을 것이다. 한마디로 한국의 역대 정부는 북한의 정확한 실체와 북한의 대남정책 인식에 오류를 범하면서, 대북정책 로드맵도 허상적인 것을 계속 붙들고 있었다.

역대 한국 정부의 대북정책은 남북한의 ①교류·협력 증대 → ②신뢰구축 → ③평화체제 구축 → ④남북 통일 식의 로드맵을 갖고 대북정책을 수립하고 실천하려고 노력하였다. 한국의 대북정책 수립과정에서 제일 문제점은 북한의 정확한 실체와 대남정책에 대한 정확한 이해가 부족한 사람들, 혹은 친북 성향의 이적성(利敵性) 소지자들이 대북정책 결정에 참여한 것이다.

이들은 역대 대통령 후보 시절부터 합류하여 후보들을 오도(誤導)하고, 대통령 당선 후에는 헛발질하는 대북정책들을 추진케 했다. 따라서 역대 정부는 한국의 생존 여부가 달린 북한의 비핵화 문제를 일관성 없는 비실효적인 방책들을 고답적으로 추진하면서 북한의 비핵화에 실패했다.

현 박근혜 정부도 예외가 아니다. 박근혜 정부는 출범 초기 대북정책으로서 소위 '한반도 신뢰 프로세스'를 추구하였다. 박근혜 정부의 대북정책의 근본은 남북한 신뢰 추구였다.

남북한 사이에 진정한 신뢰만 구축되면 민족적 차원에서 크게 돕겠다는 대북정책을 구사하였다. 그 전제 조건으로서 북한이 핵을 포기하도록 요구하였다. 이러한 박근혜 정부의 대북정책에 북한은 미동도 하지 않고 계속해서 핵을 개발하였다.

박근혜 정부가 다음으로 추구한 대북정책은 소위 '통일 대박론'이었다. 마치 금방이라도 통일이 될 것 같은 분위기들이 조성되면서 대북정책이 구사되었다. 이러한 박근혜 정부의 통일 대박론에 대해서도 북한은 미동도 하지 않았음은 물론, 오히려 코웃음 치면서 핵개발에 박차를 가하였다.

2016년 1월 6일, 북한의 제4차 핵실험과 2월 7일에 제4차 대륙간탄도탄 실험이 자행되자 화려한 꿈과 같았던 통일 대박론은 순식간에 꼬리를 감추었다. 마치 북한에서는 사람들을 살상하는 흉기를 준비하느라고 바쁜데, 한국에서는 화려한 파티 준비에 골몰하고 있었던 셈이다.

박근혜 정부는 북한 대남정책의 본질을 정확하게 이해하지 못하고 계속 비합리적인 대북정책을 구사하였다. 북한 핵문제를 사생결단 해결하겠다는 의지도, 실천적인 행동도 미흡하였다. 북한이 핵 보유국이 되면 한국의 생존 자체가 심각한 위기에 처함에도 불구하고, 대통령 직속의 특별대책반(T.F.) 하나 구성·운영하지 않고 있다. 국방부라든가 청와대 내 다른 부서가 독자적인 대응책을 마련해 놓고 순발력 있게 대응한다면 사실 특별대책반은 필요 없다.

통일을 추구하는 대북정책도 상당히 정치화된 정책을 구사하였다. 단적인 예로 기존의 '민주평화통일자문회의'가 있는 데도 그 거대한 조직을 실효성 있게 활용하지 않고, 옥상옥(屋上屋)으로 새로운 '통일준비위원회'를 만들었다. 통일준비위원회는 북한의 실체 인식에 실패한 행보들을 보였다.

통일준비위원회 구성원들은 '무조건 북한 퍼주기', '사드(THAAD) 도입 반대', '남북문제 냉전적 사고에서 탈피' 등을 주장하는 북한 왜곡 인식, 혹은 친북 성향의 인사들이 상당수 포함된 잡탕들로 구성되었다.

이러한 통일준비위원회는 동북아 평화협력 구상 등을 주장하면서 북한의 비핵화 문제를 외면하는 이슈들을 다루었다. 통일준비위원회의 노력은 마치 강도가 수류탄을 들고 가족들을 살상키 위해 대문 앞에 진입하고 있는데도, 마치 그 강도들과 화려한 무도회 준비를 하고 있는 것 같은 주제들에 몰입하면서 엇박자적인 행보를 드러냈다.

우리 사회의 분위기는 북한의 객관적 실체를 정확하게 인식하지 못함은 물론, 북한이 실제로 핵 보유국이 되면 우리의 운명이 어떻게 되는지 관심 자체조차 없는 무관심의 분위기에 젖어있었다. 일부에서는 "개성공단 운영은 남북교류·협력의 심장이기에 폐쇄하면 안 된다"는 괴변에서부터 '인도적 지원은 동족 차원에서 계속 확대해야', '금강산 관광 조속 재개', '5·24 대북 제재 조치 조속 철회', '동족 갈등을 부추기는 대북 심리전 금지' 등을 주장한다.

그들은 북한의 핵개발을 위한 돈줄이나 마찬가지인 개성공단 폐쇄를 이야기하면 '반(反)통일세력', '극우 보수' 등으로 비판을 가했다. 이러한 우리 사회 분위기가 북한의 비핵화를 실패하게 만들었다.

제3장

—

정확한 정보,
치밀한 계획…
이스라엘이 거둔 성공[12]

12) 제3장은 2014년도 세종연구소 발간 세종정책총서(2014-4) 제II부 제4장에 게재된 필자의 글 「북한의 비핵화 방안: 선제공격 중심 고찰」 중 제III부 '선제공격에 의한 비핵화 국제적 경험: 이스라엘 경험'(pp.178~197) 내용을 수정보완 한 것임.

1. 이라크의 오시라크 원자로(Iraq's Tammuz-Osirak Reactor 1981)

[개요]   이스라엘은 1981년 6월 7일 당시 이라크가 오시라크(Osirak)에 건설하기 시작한 원자력발전소가 완성되면 결국 핵폭탄을 제조할 것이라는 판단 하에 건설의 초기 단계에 발전소를 무력으로 공격하여 성공을 거두었다.

이스라엘은 이라크 수도 바그다드(Baghdad)로부터 17km정도에 위치한 핵무기제조 시설에 대해 공군기 F-15A의 인도에 따라 F-16A로 폭격하여(무기화 1개월 전에) 10명의 이라크 군인들과 1명의 프랑스 기술자를 사망시키면서 원자로 시설파괴를 성공시켰다. 이 같은 이스라엘의 선제공격은 '오페라 작전(Operation Opera)'이라

고 불린다.[13]

[경과] 이라크는 1960년에 핵무기 개발계획을 수립했다. 당시 이라크 대통령 사담 후세인(Saddam Hussein)은 "우리는 우리의 적이 우리를 격파하기 위해 대량 살상무기를 개발하는 것을 결코 용서하지 않을 것"이라고 주장하면서 핵무기 제조를 결심했었다.[14]

1976년 이라크는 프랑스로부터 오시리급 핵 원자로(Osiris-class nuclear reactor: Osirak)를 구입하였다. 당시 소모된 비용은 93% 농축 우라늄(enriched uranium) 72kg 구입비와 기술자 훈련비 등 총 3억 달러 정도였다. 이라크는 1979년부터 본격적으로 40메가와트급 경수로(40-megawatt light-water nuclear reactor) 시설을 바그다드 근처 알 투워이타 원자력센터(The Al Tuwaitha Nuclear Center)에서 건설하기 시작했다.

그 주(主) 원자로를 프랑스는 '오시라크(Osirak)'라고 불렀고, 이라크는 이를 타뮤즈 1호기(Tammuz 1)라고 명명했다. 또한 이보다 소형인 원자로는 타뮤즈 2호기(Tammuz 2)라 했다. 그리고 1980년 7

---

13) 이정훈, 『한국의 핵 주권: 그래도 원자력이다』, 서울: 글마당, 2009, pp. 294~96

14) Shlomo Nakdimon, *First Strike: The Exclusive Story of How Israel Foiled Iraq's Attempt to Get the Bomb*, New York: Summit, 1987, pp. 239~40.

월 원자로에 사용할 고농축 우라늄 연료(highly enriched uranium fuel) 12.5kg을 프랑스로부터 지원받았다.

이스라엘은 라빈(Yitz Rabin) 수상의 재임 제1기였던 1974년부터 1977년 사이에 공격 작전에 대한 치밀한 계획을 세우고 훈련을 실시하였다. 1977년 수상에 취임한 베긴(Menachem Begin)은 준비에 더욱 박차를 가했다.[15] 이스라엘은 이라크에 건설 중인 원자로와 똑같은 모형을 지중해상에 만들어 놓고 조종사들이 계속 폭격 연습을 실시했다.

당시 이스라엘 외무장관 모세 다얀(Moshe Dayan)은 프랑스, 이태리, 미국 등을 동원, 외교적인 차원에서 이라크의 원자로 건설 중단을 위해 노력하였지만 성공하지 못했다. 그러자 1979년 봄, 이스라엘은 선제공격(anticipatory attack)을 할 수 밖에 없다는 결론을 내렸다. 일단 선제공격을 결심한 이스라엘은 수많은 숨겨진 비밀작전들을 수립하여 그 이행에 골몰하였다.

1979년 4월에는 프랑스에 거점을 둔 이스라엘 첩자들이 이라크로 수송한 프랑스의 핵 제조 관련 물자들을 폭탄으로 파괴하기

---

15) 유태인 대학살(The Holocaust)에 많은 가족들을 잃은 이스라엘 수상 Menachem Begin은 "또 다른 유태인 학살(another Holocaust)이 유태인 역사에서 발생할 수도 있다... 이라크 후세인은 3~4개의 히로시마에 투하한 형태의 원자탄을 제조할 수 있다"라고 경고하면서 이라크의 핵시설에 대해 선제공격을 가할 작전을 수립할 것을 지시하였음(Alan M. Dershowitz, Preemption: *A Knife Cuts Both Ways*, New York·London: W.W Norton & Company, 2006, p. 95)

도 했다. 1980년 6월에는 이스라엘 첩자들이 이라크 핵무기 제조에 관여하고 있는 이집트 과학자 엘마사드(Yehya El Mashad)[16]를 암살하였다. 그 외에도 이스라엘은 프랑스 및 이태리 회사들로부터 이라크 핵무기 제조에 사용될 물자들이 운반·반입되는 순간 폭파시켰다. 그런 한편으로는 핵무기 개발에 관여하는 사람들을 협박하기도 했다.

이때의 이스라엘 공격작전을 구체적으로 한번 살펴보자. 당시 이스라엘 군사기지와 이라크 핵무기 건설현장은 1천 600km(990miles)가량 거리가 떨어져 있었다. 이스라엘 공격기들은 요르단과 사우디 영공(Jordanian and/or Saudi airspace)을 통과하여야만 했다. 중간 공중급유 등 어려운 문제들도 많이 있었다.

이스라엘은 최종적으로 많은 연료를 채울 수 있고 중무장을 할 수 있는 F-16S기종으로 공격하기로 결정하였다. F-15A는 그들을 호위하는 역할을 맡았다. 그래서 공중 연료공급 없이 핵 건설기지(reactor site) 제거 공격(surgical strike)을 감행할 수 있었다.

---

16) Yahya El Mashad(1932~1980. 6.14)는 이집트 국적을 보유하고 있는 핵개발전문가. 이라크이 핵개발 프로그램을 추진하다가 1980년 6월 파리의 한 호텔에서 살해됨. 학위는 영국 런던에서 받고(1956), 모스크바에서 6년간 핵공학 공부 후 이집트 Alexandria University에서 핵공학을 가르치는 교수생활. 그 후 이집트 원자력 에너지부서와 연계하여 근무를 하다가 1967년 6일전쟁 이후 이집트 원자력 개발계획이 동결되자 이라크로 건너가 이라크 핵개발에 협조하다가 살해당하였음(이스라엘 정보기관 Mossad가 살해했다고 전해지고 있음)(http://en.wikipedia.org〉wiki〉yahya)

이 작전에 반대하고 시비를 걸었던 사람들도 많았다. 외무장관 다얀을 포함하여, 이스라엘 공군 창설자 중 한 사람이자 1993년 대통령에 취임하게 되는 와이즈만(Ezer Weizman 1924-2005), 그리고 부총리 야딘(Deputy Prime Minister Yigael Yadin) 등이 반대하는 인사들이 었다. 이에 비해 베긴 총리는 공격할 수 있는 적기(適期, timing of the bombing)를 놓치면 안 된다고 강조하면서 적극적인 지지를 했었다.

1980년 10월 이스라엘 정보기관 모사드(Mossad)는 베긴 수상에게 오시라크 원자로(the Osirak reactor)에 연료가 재주입되었다고 보고했다. 1980년 10월, 이스라엘 의회는 즉시 최종 6~10기의 공격기로 공격할 것을 결의하였다.

그해 11월, 이스라엘은 이란을 이용하여 이라크의 핵무기 건설 현장 사진을 입수했다. 이란은 당시 F-4 팬텀기(Phantom)를 이용하여 항공사진을 촬영, 이스라엘에 제공했다. 이스라엘은 A-4 스카이호크(Skyhawk)를 이용하여 지중해상에 이란으로부터 제공받은 항공사진을 참조하여 유사시설을 만들어놓고 실제 작전과 같은 모의훈련을 실시했다.

이라크는 이란과 전쟁에 몰두하느라고 이스라엘의 공격을 눈치 채지 못하였다. 이스라엘은 이라크와 이란이 전쟁하는 기간을 최대로 활용하여 공격을 감행하였다.

1981년 4월 8일 이란 공군은 이라크의 H-3 비행장(Airbase)을 공격하였으며,[17] 48대의 이라크 비행기가 파괴되었다. 당시 이라크의 방공망 레이더는 사우디와 국경선 지역을 커브하지 못하였는데, 이스라엘은 이 지역을 이용하여 이라크를 공격하였다. 이라크는 미그-21 전투기를 보유하고 있었으나 방공망이 미리 이스라엘 공격을 포착하지 못하였던 탓에 전혀 대응을 할 수가 없었다.

[**공격**] 1981년 6월 7일, 이스라엘은 작전을 개시했다. 이스라엘은 이라크의 근무자들이 쉬는 일요일 오후 시간을 선택하여 공격하였다. 당시 수백 명의 프랑스인들이 이라크를 지원하면서 공동 작업을 하고 있었다. 그날은 일요일이었고, 오후 3시 55분 (local time: 12:55 GMT)에 공격을 개시했다.

공격대대는 8대의 F-16A를 투입하였으며, 각 비행기는 2개의 비유도(unguided) Mark-84 (2,000-pound delay-action bombs)를 장착하였다. 6대의 F-15A가 작전 지원기로서 준비되어 있었다. 공격기들은 이스라엘 에치온 비행기지(Etzion Airbase)를 출발하여 요르단과 사우디 상공을 통과한 후 공격을 감행했다.

이스라엘의 공격을 받던 순간 후세인 대통령은 요르단의 어느 한적한 곳에서 유람선에 올라 휴가를 즐기고 있었다. 공격 소식

---

17) 당시 이란은 Iranian Attack(1980. 9. 30, 공격 작전문서: Operation Scorch Sword(黑劍 作戰)을 미리 만든 후 공격을 감행하였음.

을 접하자 그는 해당 지휘관들에게 대책을 지시하려고 하였으나 이스라엘이 미리 조치한 통신선 차단으로 인해 연락을 취할 방도가 없었다.

핵무기 제조시설 근처까지 접근한 이스라엘 비행기들은 레이더 포착을 피하느라 지상 30m로 저공 비행하면서 침투했다. 오후 6시 35분(local time:14:35 GMT), 오시라크 종합 핵개발 시설(the Osirak reactor complex)로부터 20km 지점에서 F-16 대형 폭격기는 2천100m로 급상승한 후 시속 1천100km/h(35-degree)로 급강하하면서 1천100m 지점에서 Mark84 폭탄들을 2개씩 5초 간격으로 투하하였다.

투하한 총 16개 폭탄 중 적어도 8개는 핵시설 방호 돔(the containment dome of the reactor)을 명중시켰던 것으로 알려지고 있다. 나중에 밝혀진 사실 중 하나는 이스라엘 공격이 시작되기 30분전 이라크의 방공망을 감시하던 군인들이 레이더를 꺼놓고 오후 식사(afternoon meal)를 하기 위해 자리를 뜬 상태였던 것으로 전해진다. 그래서 이스라엘 공격기들은 이라크의 대공 포화를 피할 수 있었고, 성공적인 공격을 한 후 무사히 귀환할 수 있었다.[18]

한편, 미국은 이스라엘의 작전을 적극적으로 지원했다. 이 무렵 이라크와 프랑스는 이들 이라크의 핵무기 시설이 평화적이고 과학적인 연구목적(peaceful scientific research)으로 사용될 것이라는 주장을 폈다. 그러나 이스라엘은 핵무기 제조를 위한 것으로 의심

했으며, 2007년 미국의 사설 정보기관 스트라트포(STRATFOR)는[19] '핵무기 제조에 사용될 플루토늄(producing plutonium for a weapons program)' 생산용이었다고 주장했다.[20]

이라크는 IAEA 가입국이었다. 1981년 10월 전임 IAEA 감시관 로즈 리취트(Roger Richter)는 당시 이라크 원자로 시설의 안전상 취약한 문제점들이 많았음을 미국 상원 외교위원회에 보고하였다. 그러나 IAEA 사무총장 시그바드 에크루드(Sigvard Eklud)는 "리취트(Richter)는 오시라크를 한 번도 검사한 적이 없고, 중동에 있는 어떤 원자력 시설도 검색해본 적이 없는 사람"이라고 그 보고서를 비판하였다. 그러면서 이라크 원자력 시설은 안전성 면에서 큰 문제점이 없었다고 말했다. 이러한 상황 속에서 이스라엘은 자위권(self-defense) 차원에서의 공격이었다는 주장을 폈다.

---

18) 돌아오는 비행기 속에서 전투기 조종사들은 서로 무선을 통해 성경에 나오는 여호수아 10:12 "여호와께서 아모리 사람들을 이스라엘 자손에게 붙이시던 날에 여호수아가 여호와께 고하되 이스라엘 목전에서 가로되 태양아 너는 기브온 위에 머물러라 달아 너도 아얄론 골짜기에 그리 할지어다"를 교신하면서 귀환하였다고 함("Operation Opera," From Wikipedia, the encyclopedia (http://en.wikipedia.org/wiki/Operation-note-bbc13 (p. 7/18)

19) Stratfor는 1996년 미국의 정치학자 George Friedman에 의해 창간됨. 창간 목적은 고객에게 지구촌적인 사건들을 다룸에 있어 가장 정확한 예측적인 정보를 제공하기 위해 새로운 접근 기법을 사용하는 노력을 경주하는 것임.

20) 그러나 Harvard University 물리학자 Richard Wilson은 "그것은 평화적 목적용이었으며, 무기용이 아니었고, 안전하게 관리되고 있었다"고 주장하였음. Operation Opera, From Wikipedia, the encyclopedia (http://en.wikipedia.org/wiki/Operation-note-bbc1-3 (p. 3/18)

[결과] 이스라엘이 이라크의 비핵화를 위해 선제공격을 한 후 이스라엘이 처한 상황과 취한 조치들은 다음과 같았다. 첫째, 이스라엘은 그들의 선제공격에 대해 세계적인 비난을 받았다.

①유엔 안전보장이사회는 "유엔 안보 결의 487조 위배이며, 유엔 헌장과 국제행위 규범에 명백한 위반"이라고 비난했다.[21]

②미국은 유엔 결의를 지지하고, F-16 전폭기(aircraft) 이스라엘 공급을 중단하였다. 그러나 2개월 후 이를 철회했다. 미국은 이스라엘의 공격 행위는 IAEA 지위를 교란시킨 것이 아니며, 이스라엘에 위해를 가하려는데 대한 징벌적인 행위였다고 주장하였다. 그렇지만 미국은 이스라엘에 어떤 징벌을 가하는 것은 막았다.

③이라크 대표(유엔 대표)는 "이스라엘이 이라크 원자로 시설을 공격한 이유는 이스라엘이 중동에서 단독으로 핵무기를 보유하고, 아랍 국가들이 핵 제조 기술과 지식을 갖지 못 하도록 하기 위함"이라고 주장하면서 이스라엘을 맹비난했다.

④시리아는 이스라엘과 미국 양측을 모두 비난하였다. 비난의 내용은 이스라엘의 이라크에 대한 공격은 테러행위라는 점과, 미

---

21) 유엔에서 이스라엘을 비난한 결의 내용: "이라크는 평화로운 핵개발 프로그램을 개발하고 그러한 기술을 갖출 권리가 있음을 결의했다. 이스라엘과 이라크는 함께 '핵 비확산조약의 안전레짐(the IAEA safeguards regime of the Nuclear Non-Proliferation Treaty)'에 가입할 것을 결의했다. 유엔총회는 1981년 11월 13일 결의(Resolution) No. 36/27로서 안전보장이사회 결의사항을 동의했다. 이스라엘은 유엔 안전보장이사회와 유엔총회로부터 제재를 받게 되었다."

국이 전략동맹 하에 파괴무기들을 이스라엘에 공급하여 주는 것은 비평화적인 범죄행위라고 비난했다.

⑤프랑스 대표는 "이라크 원자로 시설은 순수한 평화적인 과학적 연구를 위함이었으며, 프랑스와 이라크는 합의문에서 군사적인 사용을 배제함을 명시하여 놓고 있었다"고 주장하면서 이스라엘을 비난했다.[22]

⑥영국 대표는 "이라크가 핵무기 제조를 위해 핵분열을 할 기술을 보유하고 있었음을 믿을 수 없다"고 주장하면서 이스라엘을 비난했다.

⑦IAEA 사무총장은 "바그다드 근처 핵 원자로 시설을 점검하여 본 결과 안전협정을 위배한 면을 발견할 수 없었다"면서 이스라엘을 비난했다. IAEA 지도자 이사회(IAEA's Board of Governor)는 6월 9일부터 12일까지 회의를 개최하고 이스라엘의 공격행위를 비난하였다. IAEA는 1981년 9월 26일 다시 회의를 열어 이스라엘의 공격행위를 비난하고, 이스라엘에 대한 모든 기술적 지원 금지 결의안을 통과시켰다.

둘째, 이스라엘의 공격이 건설되던 이라크의 핵무기 제조시설은 파괴하였지만, 그 후 아랍 국가들은 더욱 엄밀하고 비밀스럽

---

22) 전 영국수상 Margaret Thatcher는 "이러한 상황 속에서 이스라엘의 이라크에 대한 무력공격은 정당화될 수 없다. 이스라엘의 이라크 무력공격은 대단한 국제법 위반행위다"라고 하면서 이스라엘을 비판했음.(Alan M. Dershowitz, op. cit., pp. 97~98.)

게 핵무기 건설에 몰두할 수 있는 계기를 만들었다.[23] 한번 공격을 당한 이라크는 그 후 고농축 우라늄을 이용한 핵무기 개발에 몰두하게 되었다. 우드워드(Bob Woodward)는 "1981년 이스라엘의 이라크 오시라크 공격으로 사담 프로그램(Saddam's program)을 종결시킨 것은 사실이다. 그러나 그 후 이라크로 하여금 5천 여 명의 인원들이 동원된 더 거대한 핵개발 프로그램 'PC3'를 계속케 했다"고 주장하였다.[24]

마지막으로 이스라엘의 선제공격은 이라크에 엄청난 피해를 초래케 했다. 당시 그 프로그램에는 400여 명의 과학자 및 기술자들이 종사하고 있었다. 파괴되기 전까지 이라크는 총 4억 달러를 투자하였으며, 이러한 이라크의 물심양면의 노력들이 단 한번의 공격으로 철저히 무효화 되었다.

[교훈] 이스라엘의 이라크 핵시설에 대한 선제공격은 다음과 같은 교훈들을 도출할 수 있다.

첫째, 이스라엘이 국제적인 분위기나 동맹국 미국의 요구들을

---

23) Waltz, Kenneth (Autumn 1981). "The Spread of Nuclear Weapons: More May Be Better" (http://www.mtholyoke.edu/acad/intel/waltz1.htm). *Adelphi Papers* (London: International Institute for Strategic Studies) 21 (171). Retrieved 10 December 2010.

24) Woodward, Bob (2006), *State of Denial*, Simon & Schuster, p. 215.

3. 정확한 정보, 치밀한 계획… 이스라엘이 거둔 성공 | **59**

다 수용하였더라면 선제공격을 이행할 수 없었을 것이다. 이스라엘의 공격은 국제법상 예방적 공격조치(a preventive strike)의 한 예로 다루어지고 있다.

트립(Charles R. H. Tripp)은 이스라엘 공격 25주년을 맞아 행한 인터뷰에서 "오시라크 공격은 유엔헌장 487조에 위배된 행위였지만, 당신이 이스라엘 입장에 서서 국가 안보 차원에서 생각하면 충분히 이해될 수 있는 행위였다"[25]고 주장했다. 일순간의 국제여론 등을 너무 고려하면 국가의 생존이 달려있는 대단히 엄중한 결정을 과감하게 내릴 수도 없고, 결정된 정책을 집행할 수도 없었을 것이다. 국가안보는 좌고우면(左顧右眄)하거나 여론투표 등에 의해 결정하는 사항이 아니라는 교훈을 얻을 수 있다.

둘째, 고집스러운 이스라엘의 선제공격 이행은 오직 이스라엘 국익만을 고려하면서 강행하였다. 이스라엘의 선제공격은 세계적인 많은 비난을 받았다. 심지어 자국의 국방장관까지 반대했다. 그러나 이라크 핵시설에 대한 선제공격 결행은 결론적으로 이스라엘의 미래에 엄청난 국가적 재앙으로 다가오고 있던 '적의 핵무장'을 사전에 차단한 큰 역사적 의미를 갖고 있다.

만약 그러한 결행이 없었더라면 오늘날 이스라엘의 운명은 핵

---

25) "Osirak: Threats real and imagined" (http://news.bbc.co.uk/2hi/middle-east/5009212.stm). BBC News. 5 June 2006. Retrieved 20 May 2010.

보유국 이라크에 의해 어떤 불행한 상황이 되어있을지 예측하기 어렵다. 다가오는 명확한 재앙은 사생결단하고 사전 차단하는 것이 국가의 생존을 위해 지혜로운 국가전략이다.

셋째, 이스라엘의 선제공격은 세계인들을 설득하기 어려웠던 미해결의 문제점들은 그대로 남겨두고, 오직 이스라엘 안보만을 고려하면서 이행한 과감한 실천행위로서 평가받는다. 2005년 미국의 전 대통령 클린턴(Bill Clinton)은 "모든 사람들이 비난하고 있는 1981년 이스라엘의 오시라크 공격을 회고하면, 사담 후세인의 핵개발을 막은 대단히 잘한 일이었다"[26]고 주장했다. 국가의 지도자는 오직 국가생존과 먼 역사를 생각하면서, 결행할 수 있는 일은 과감하게 결행하여야만 한다.

넷째, 이스라엘은 모든 수단 방법을 총동원하여 이라크의 핵개발 프로그램 차단을 위해 몰두했었다. 이라크의 핵개발 프로그램을 지원하는 과학자, 핵개발에 동원되는 핵심물자 등을 가리지 않고 암살, 혹은 파괴하면서 핵개발 진척을 차단키 위해 노력하였다. 프랑스에서 이라크 핵 제조 관련 물자 폭파(1979), 이라크 핵

---

26) "Transcript: Interview at the World Economic Forum in Davos" (http://www. clintonfoundation.org/news-media/012705-cf-ee-cgi-usa-che-ts- interview-at-the-world-economic-forum). The Clinton Foundation. 27 January 2005. Retrieved 13 March 2012. Viewable on Video (https://www.youtube.com/watch?v=) on YouTube at 27:38.

무기 제조에 관여하고 있던 요인 암살(1980. 6),[27] 핵무기 제조에 관여하는 자들에 대한 각종 협박 등이 그 단적인 예들이다. 이러한 이스라엘의 집요한 노력들은 실제로 이라크의 핵개발 진척에 대단한 지장들을 초래케 했으며, 이라크를 비핵화 함에 큰 기여를 한 셈이다.

다섯째, 치밀한 작전계획이 비핵화를 달성시킨 성공의 열쇠였다. 이라크와 이란이 전쟁에 몰두하고 있었던 기간을 선택, 프랑스 기술자들의 휴무 등을 고려했고, 적이 전열을 정비할 수 없는 시간을 치밀하게 계산하여 공격을 감행하였다. 휴무일인 일요일 오후(15:55), 후세인이 요르단에서 유람선을 즐기고 있는 순간을 선택, 레이더 포착을 피해 30m 저공비행으로 공격하였다. 또한 이라크 레이더가 커버하지 못하는 사우디와의 국경선 부근 지역을 선택 비행하여 공격하는 등 치밀한 작전계획들을 세워놓고 이행한 것이 성공의 비결이었다.

여섯째, 일단 선제공격을 감행하여 성공하면 그것이 현실이 된다는 교훈을 얻을 수 있었다. 선제공격 이후 고조되었던 이스라엘에 대한 세계적인 비난은 시간의 흐름 속에서 그 강도가 서서히 약화되면서 현실로 고착되어졌다. 이스라엘이 이라크 시설을 공격한 직후, 이라크와 프랑스는 다시 재건설을 추진할 것이라고

---

27) 이집트 과학자 Yehia El-Mashad의 암살이 그 대표적인 예임.

주장했다. 그러나 그 사건은 이란-이라크 전쟁, 국제적 압력, 이라크의 지불금 문제, 프랑스 기술자들 철수 등으로 인해 1984년 교섭은 결렬되고, 사실상 재건설이 불가능해졌다. 1991년 걸프전(Persian Gulf War)에서 파손된 나머지 부분이 미국과 이스라엘 합동군 공격에 의해 완전히 파괴되었으며, 이라크의 핵무기 개발 프로그램은 영영 사라지게 되었다.[28]

　일곱째, 미국의 적극적인 지원은 성공의 핵심요건이었다. 특히, 공격 후 국제적인 여론 악화에도 불구하고 결국 미국이 이스라엘 입장을 지원하는 정책을 취함으로서 이스라엘의 선제공격을 현실화 시키는데 크게 기여하였다.

2. 시리아 알 키바 선제공격 ('Operation Orchard'/Syria's under Construction at Al Kibar 2007)

　[개요]　2007년 9월 6일 저녁, 이라크 국경선으로부터

---

28) 그러나 이스라엘의 Osirak 공격이 이라크의 핵개발을 지연시키지 못하였다는 주장들도 있음: Richard K. Betts는 "이스라엘의 Osirak 공격이 이라크의 핵개발을 지연시켰다는 아무런 증거가 없다. 그 공격은 오히려 이라크의 핵개발을 가속화시키는 역할을 했다" (Betts, Richard K. (1 March 2006). "The Osirak Fallacy" (http://nationalinterest.org/article/the-osirak-fallcy-10930. The National Interest (83). Retrieved 13 March 2012.

130km(81miles) 떨어진 사막에서 시리아가 극비리에 건설 중이던 다일알주르(Dair Arzour: monastery in the forest)의 원자로 시설을 이스라엘이 공군기로 격파하였다.[29] 이것이 핵무기 건설 시설이었는지 여부를 두고 많은 논란들이 있었지만, 백악관과 미국 CIA는 군사적 목적을 갖고 핵무기 건설을 한 시설이었다고 선언했다. IAEA는 사건 발생 후 '검증되지 않은 원자로 시설(an undeclared nuclear reactor)'이라고 결론 내렸다. 그러나 2011년 IAEA는 그것이 '원자로 시설(a nuclear reactor)'이었다고 수정했다.

[경과] 2001년 이스라엘 정보기관 모사드(the Mossad)는 북한과 시리아가 핵무기와 관련하여 모종의 음모를 하고 있음을 포착했다. 2004년 미국의 정보기관들이 북한과 시리아 사이에 핵개발과 관련하여 알키발(al-Kibar) 지역이 거론되고 있음을 감청했다. 2004년 4월 22일, 북한에서 열차 폭파사고가 발생했는데, 그 사고에서 상당수 시리아인 기술자들이 죽었다. 죽은 시리아인들은

---

29) 2007년 9월 6일 오후 2:55 the Damascus-based Syrian Arab News Agency (SANA)는 "지중해로부터 날아온 이스라엘 전투기들이 새벽 1시경 시리아 영공을 침범했다. 시리아의 공군은 이들과 대결을 했고 그들은 몇 개의 폭탄을 투하한 후 시리아군에 의해 격퇴되었다. 아무런 피해는 없었다"는 내용의 뉴스를 보도했음(Follath, Erich and Stark, Holger, "The Story of 'Operation Orchard': How Israel Destroyed Syria's Al Kibar Nuclear Reactor," SPIGEL ONLINE International p.2/3(http://www.spigel.de/international/world/the-story-of-operation-orchard-how-israel-destroyed-syrias-al-kibar-nuclear-reactor-a-658663.html)

핵개발을 위해 북한에 교육을 받으러 간 사람들로 추정되었다. 그리고 사고가 난 지역은 군인들이 철저한 경계를 하면서 일체 출입이 불가하도록 통제하던 지역이었고, 북한 군인들이 방독복을 입고 있었음이 포착되었다.

2006년 12월 오트만(Ibrahim Othman)이라는 시리아의 한 고위급 공무원이 가명으로 영국 런던에 도착하여 전치부라는 이름의 북한 핵무기 전공 고급 관료와 접촉하고 있음이 이스라엘 정보기관에 포착되었다. 6개월 후 이스라엘 정보기관은 시리아가 핵시설과 관련하여 북한 및 이란과 모종의 접촉을 하고 있다는 결론을 내렸다.

2007년 여름 이스라엘은 시리아에서 의혹을 사고 있는 지역을 치밀하게 탐색하기 위해 오펙-7 스파이 위성(Ofek-7 spy satellite) 등을 공중에 날려서 정보들을 수집하였다. 2007년 8월 중순, 이스라엘 특수군(Israeli commandos from the Sayeret Matkal reconnaissance unit)은 시리아 군복으로 위장한 요원들을 의혹 현장에 침투시켜 의심스러운 핵시설 기지를 공격한 후, 그곳의 흙 샘플(soil sample)을 이스라엘로 가져왔다. 이를 분석한 결과 핵무기 건설과 관계된 방사능으로 오염된 흙임을 확인하였다. 이를 근거로 이스라엘은 시리아 공격을 미국에 요청하였으나 부시 행정부가 그것을 확실한 증거로 인정치 않고 공격에 동조하기를 거부하였다.

당시 공격 임무를 맡았던 이스라엘 조종사들은 공군사령관 쉬

케디(Elizer Shkedy) 장군이 직접 선발하였다. 선발된 조종사들은 특수훈련을 받았다. 30도 각도로 들어가면서 타격하는 훈련도 계속했다. 타격 목표물 위에 인공 구름을 만들어놓고, 정밀 폭격하는 방법을 훈련시키기도 했다. 야밤에 타격하는 훈련도 했다. 그리고 실제로 타격을 하러가기 전까지 실제 타격 목표물이 무엇인가 하는 점에 대해서는 일체 이야기하지 않았고, 공격에 직접 참여한 조종사들에게도 알려주지 않으면서 철저한 보안을 지켰다. 또한 시리아의 일반 시민들에게는 절대로 폭격을 가하지 않는 훈련도 시켰다.

이스라엘은 공격 하루 전 특수부대 팀(a team of Shaldag Unit commandos)을 목표지역에 침투시켰다. 공군은 라마트 데이비드 공군기지(Ramat David Airbase)를 출발한 69비행대대(Squadron) F-15Is, F-16Is(유도비행), 그리고 프린트(FLINT aircraft) 등이 동원되어(적어도 4대) 타격하였다. 우선 톨 알-아부아드(Tall al-Abuad)에 설치된 시리아 레이더 기지를 정밀 폭탄, 전자파 공격(electronic attack), 그리고 전자파 교란(jamming) 등을 이용하여 파괴했다.

이스라엘은 그들이 보유한 레이더 시스템 교란체제(the Suter airborne network attack system)를 이용하여 시리아의 레이더 시스템을 교란하면서 제대로 반격에 나서지 못하도록 만들었다. 그래서 결국 시리아의 방공 시스템이 마비되었다. 이스라엘은 비슷한 시스템을 이용하여 시리아의 레이더를 무력화시켰다.

침투한 특수부대는 정확한 목표물로 유도되었고, 이스라엘의 F-15Is들은 목표물들을 정확하게 공격하여 파괴했다. 당시 F-15I는 AGM-65 마브릭 미사일(Maverick missiles), 500파운드 폭탄, 그리고 외부장착 연료탱크(external fuel tank) 등을 장착하였다.

[결과] 공격받은 목표 지점은 사막에 그저 큰 구멍으로 남아 있었다. 24일 동안 침묵을 지키던 시리아 부통령 알 샤라(Faruk Al Shara)는 2007년 9월 30일, 침묵을 깨고 이스라엘이 폭격한 지점은 "아리드 지역 아랍연구센터로서 건조한 지역(the Arab Center for the Studies of Arid Zones and Dry Lands)"이라고 발표했다. 하지만 실제로 당시 실존하던 아랍연구센터는 그것을 부인했다. 이튿날 시리아 대통령 알 아사드(Bashar al-Assad)는 "건설 과정에 있던 미완성의 빈 군(軍) 종합시설(an incomplete and empty military complex that was still under construction)"이라고 주장한 후 그 이상 더 어떤 설명도 하지 않았다.

2007년 10월 14일, 《뉴욕타임스》는 "미국과 이스라엘의 정보 기관들에 의하면 그 목표물은 북한의 기술적인 지원을 얻어 건설 중이던 원자로(a nuclear reactor)였고, 공격으로 많은 기술자들이 죽었다"라고 보도했다. 그 후 그곳을 다른 흙으로 재빨리 묻어버렸다. 방사능 오염을 두려워했기 때문이다.

이스라엘이 공격한 후 첫 보도는 CNN이 했다. 이스라엘은 침묵을 지키고 아무런 반응을 표시하지 않았다. 이스라엘은 국내 모든 언론에 보도금지를 명하였다. 9월 16일, 이스라엘 군 정보기관장 야드린(Amos Yadlin)이 국회에서 "이스라엘은 이스라엘의 차단력(deterrent capability)을 다시 얻었다"고 증언하였다. 이스라엘 국민들에게 사실이 공식적으로 알려진 것은 9월 19일, 야당 당수 네타냐후(Benjamin Netanyahu)가 수상 올멋(Olmert)에게 작전 성공에 대해 축하를 보냄으로서 알려졌다.

9월 17일에 올멋은 "아무런 전제조건 없이 이스라엘은 시리아와 평화를 유지할 준비가 되어있다"고 이야기했다. 시리아로부터 얻을 목표를 다 달성한 후 일종의 약을 올리는 이야기였다고도 볼 수 있다. 더 약을 올린 것은 이스라엘이 언론인 오렌(Amir Oren)을 통해《하렛츠(Haaretz)》라는 신문에 "솔직하게 우리가 아무런 이야기를 하지 못하고 있었던 것은 철저히 그 작전에 실패했기 때문이다"고 기사를 쓰게 한 뒤 시리아의 반응을 살피기도 했다는 사실이다.

이스라엘은 시리아가 핵무기 제조시설이 아니라고 공식적으로 부인하고 있었던 약점을 이용하여, 시리아가 새삼 핵무기 제조시설이라고 인정할 수 없도록 완전히 반대 이야기를 하면서 그 반응을 떠본 것이다. 10월 28일, 올멋은 "만약에 이스라엘 비행기가 터키의 영공을 침범하는 위반을 범했다면 그것은 고의적인 것이 아니며 사과한다"고 말했다.

시리아 공군 조종사였던 모하메드(Abu Mohammed)는 2013년, 당시를 회고하면서 "이스라엘 비행기들이 식별되는 순간 다이얼 에즈-졸(the Deir ez-Zor) 지역 시리아 공군은 무너졌다"고 했다. 그 무렵 시리아는 화학무기들을 탑재한 미사일들을 보유하고 있었지만, 이스라엘의 핵무기를 무서워하여 공격을 가하지 못했다. 시리아는 이스라엘의 핵 기지 공격을 직접 언급하지 않고 이스라엘이 상습적으로 시리아 상공을 침범한다고 불평하면서도, 유엔 안전보장회의 개최를 요구하지는 않았다.

2008년 10월 27일, 시리아 대통령 알 아사드는 대중을 향한 첫 공개연설을 통해 "그것이 핵 시설이라는 것은 음모다. 핵 기지 같으면 위에 덮개도 없이 사막 한 가운데 그렇게 건설하였겠느냐? 인공위성에 의해 감시되고 촬영되는 사막 가운데 그렇게 건설하였겠느냐?"고 음모론을 제기했다. 그 후 시리아는 새롭게 미사일 기지를 건설하고 있었다고 주장했다.

이스라엘이나 시리아나 이 사건과 관련하여 더 자세한 이야기를 하지 않는 경향이 있다. 시리아는 창피스럽고 자존심 상해서 더 이상 거론하고 싶지 않았고, 이스라엘은 목표만 달성했으면 되었지 공연히 공격 사실 자체를 공개하여 세계적인 비판을 받을 이유가 없었기 때문이다.

한편 이스라엘의 공격이 있고 난 다음의 국제적인 반응을 살펴보면, 시리아를 빼놓고 어떠한 아랍 국가들도 공식적인 입장 표명을 하지 않았다. 일종의 '아랍세계의 동시 침묵(synchronized silence *of the Arab world)*'이 계속되었다. 그 지역의 다른 나라들은 구체적인 정보가 없었기 때문에 무엇이라 이야기하기가 어려웠다.

미국의 국방장관 게이츠(Robert Gates)는 "우리는 북한과 시리아를 유심히 살피고 있다"면서, 시리아와 북한의 핵개발을 위한 연계활동에 대한 경고성 반응을 표명하였다. 한편, 북한은 유난히 이스라엘의 시리아 공격을 비난했다. "이스라엘의 공격은 시리아의 주권을 심각하게 침해하고 지역의 평화와 안정을 해친 매우 위험한 도발이었다"면서 비난했던 것이다.

10월 17일 UN의 군축과 국제안보(Disarmament and International Security) 제1차 회의에서 이름을 밝히지 않은 시리아 대표가 "이스라엘은 시리아의 핵시설(nuclear facility)를 가격하였고, 가격을 당하기 이전 시설물은 이제 시리아에 존재하지 않는다"고 이야기했다. 그러나 시리아는 공식적으로 그러한 주장은 잘못된 것이라고 부인하였다. 10월 26일자 《뉴욕타임스》는 시리아가 남은 물체들을 깨끗이 다른 장소로 이동시킨 인공위성 사진을 보도했다.

9월 24일 미국의 하원 결의(The House Resolution) 674는 "그것이 핵시설이었던 군사적인 위협시설이었던 관계없이, 이스라엘의 자위권 차원에서 정당한 행위"라고 주장했다. 2008년 4월 28일, 미국 CIA 국장 하이든(Michael Hayden)은 "이스라엘 공격을 받은 그 의심스러운 시설은 한해 2개 정도의 핵무기를 제조할 수 있는 핵연료 생산 시설이었다. 그 핵무기는 북한의 영변에서 제조할 수 있는 사이즈와 기술들을 보유하고 있었다"고 발표하였다.

2008년 11월 19일, 2009년 2월 19일 두 번에 걸쳐 IAEA는 시리아가 공격받은 기지를 조사한 결과 "80개 이상 우라늄 조각들(uranium particles)을 발견하였으며, 너무 일찍 공격을 받아 반드시 핵시설이라고 단정하기는 어렵다"는 결론을 내렸다. 그러나 2010년 4월 28일, IAEA의 아마노(Yukiya Amano)는 시리아의 주장을 뒤엎고 "그 기지는 미래에 핵무기를 생산하기 위한 시설이었다"고 발표했다.

[교훈] 이스라엘의 오차드 작전(Operation Orchard) 이행을 통해 얻을 수 있는 교훈은 첫째, 선제공격에서의 승리는 치밀하고 정확한 사전정보 획득 및 분석이 필수 요소라는 점이다. 이스라엘은 시리아의 핵무기 기지 건설과 관련하여 정확한 정보수집에 심혈을 기울였고, 그 결과 승리를 획득할 수 있었다. 이스라엘은 작전 이행 6년 전부터 시리아가 북한과 핵 기지 건설 상담을 개시하였음을 포착하고 철저한 사전준비를 하였으며, 이러한 강한 정보수집 및 분석능력이 승리의 관건이 되었다.

이스라엘은 국내·국외 가리지 않고 철저한 정보망을 보유하고 있다. 그 정보망을 이용하여 시리아가 아무리 위장하여 사막에 핵무기 기지를 건설할지라도 정확한 정보들을 포착, 현장에서 진행되는 사항을 정확하게 파악하고 있었던 것이 작전 성공에 절대적인 변수가 되었다. 정보는 재앙을 사전 차단하는 절대적인 요소다.

둘째, 실제 공격을 감행하기 전의 철저한 사전 모의훈련 실시는 작전 성공에 필수적 요소라는 점이다. 한 치의 실수는 그것이 바로 실패 혹은 패배로 연결됨은 군사작전에서 진리 중 진리다. 한 치의 실수라도 없도록 완벽을 기하기 위해서는 평소의 피눈물 나는 훈련밖에 없다. 이스라엘은 실제 작전을 방불케 하는 철저한 모의훈련을 시행함으로서 성공을 거두었다.

셋째, 이스라엘이 사전에 시리아의 방공망 시스템을 마비시킴으로서 공격의 용이성을 증대시켰고, 공격의 용이성 증대는 결국 군사작전을 성공시키는 한 동인이 되었음을 교훈으로 배울 수 있다. 시리아의 방공망 시스템부터 마비시킴으로서 싸움을 할 상대방의 눈부터 먼저 빼버려(레이더 기지에 대한 정밀 폭격), 무슨 일이 벌어지고 있는지를 모르게 한 것이 승리의 큰 동인이 되었다.

넷째, 시리아가 이스라엘의 공격을 받고도 그 후 반격을 못한 것은 이스라엘이 핵을 보유하고 있었기 때문이다. 시리아는 이스라엘에 반격을 가할 경우 늘 2~3배로 보복하는 이스라엘의 작전 교리를 잘 알고 있었다. 시리아는 핵을 보유하고 있는 이스라엘의 보복이 얼마나 무서운가를 알고 있었기 때문에 반격을 할 수가 없었다. 선제공격이 성공을 거두기 위해서는 상대방의 보복력 및 보복의 가능성을 철저히 계산한 후에 선제공격을 가하여야 함은 반드시 고려해야 할 사항이다.

다섯째, 군사작전 전이나 작전 후나 동맹국 미국의 협조와 지원은 이스라엘의 군사작전이 승리를 거두는데 있어서 대단히 중요한 요소였다. 군사작전 전에는 미국의 정보 협조, 작전 후에는 이스라엘에 불리한 국제적 비난 여론을 희석케 하여 큰 역할을 했다. 이러한 미국의 이스라엘 지원은 이스라엘이 목표로 한 시리아의 비핵화를 달성하고도 심각한 후유증이 없도록 하는데 큰 기여를 하였다.

여섯째, 이스라엘의 철저한 핀 포인터 작전은 작전 실시 후 후유증 축소에 크게 기여했다. 이스라엘은 시리아 민간인들을 상하지 않도록 하기 위한 연습폭격을 철저히 실시함으로서, 죄 없는 민간인들의 희생이 없도록 했다. 군사작전에서 민간인들을 희생시키는 경우 부정적인 국제여론이 어떤 것인가를 아는 이스라엘은 민간인 피해를 최소화하기 위해 지극정성 노력들을 경주하였고, 이러한 노력들은 큰 성과를 거두었다.

일곱 번째, 이스라엘은 핵무기 개발을 철저히 감추면서 부인하던 시리아의 입장을 백번 활용하면서 시리아를 궁지에 몰아넣었다. 이스라엘은 핵무기 개발 부인으로 일관한 시리아가 공격을 받고도 국제적으로 항의할 수 없도록 궁지에 몰아넣는 지혜를 유감없이 발휘했던 것이다. 시리아는 군사작전에서도 패배하였고, 국제적인 외교에서도 패배하였다. 군사작전을 이행할 경우에는 외교적인 측면도 고려하면서, 전쟁에서는 승리하고 국제외교적인 차원에서 패배하는 경우가 되지 않도록 노력함이 중요하다.

이스라엘의 성공, 최고 통수권자 신념과 국민 지지가 뒷받침

지금까지 선제공격으로 적국의 비핵화를 성공시킨 두 번의 이스라엘 경험을 분석해 보았다. 이스라엘이 선제공격에 성공한 데는 다음과 같은 중요한 요소들이 있었음을 결론으로 이야기할 수 있다.

첫째, 선제공격이 성공을 거두기 위해서는 정부의 강력한 신념 및 실천력이 절대적으로 필요한 요건이다. 선제공격을 하는 데는 수많은 어려운 여건들이 있는 것이 상례다. 이스라엘이 두 번이나 성공을 거둔 선제공격들은 공격 이전의 어려움이 한두 가지가 아니었다.

이러한 어려움의 돌파는 심약한 정치 지도자나, 신념이 약하고 행동력이 미흡한 국가 통수권자는 절대로 선제공격을 할 수도 없고 성공을 거둘 수도 없다.[30] 선제공격에 대해 국가 최고 통수권자가 강렬한 신념과 야무진 행동력을 동반하지 않으면 사실상 선제공격은 이행하기 어려운 군사작전이다.

둘째, 선제공격에 대한 국민적 지지가 공격의 성공 여부를 결정하는 중요한 요소다. 어떤 국가정책이든 국민들의 지지 없는 정책은 추진력이 미약하고, 추진하는 과정에서 많은 부작용이 동반되기 때문에 사실상 성공을 거두기 어렵다. 국민들의 지지가 미흡할 경우에는 적극적인 설득 및 홍보를 통하여 부정적인 분위기를 약화 또는 제거하여야만 한다.

셋째, 선제공격에 대한 국제적 지지 획득은 필수적인 요소다. 특히, 동맹국의 지지가 필요한 경우 국제적인 지지 획득은 절대적으로 필요한 요소다. 동맹국이 최첨단의 군사과학 기술과 정예 장비 등을 보유하고 있는 경우, 동맹국의 협조와 지지는 절대적으로 성공을 달성케 하는 요소다. 이와는 반대로 동맹국이 반대하는 경우 필요한 군사적인 지원을 받을 수 없음은 물론, 선제공격을 실시한 후 국제적인 지지 획득에도 많은 어려움들이 있을 수 있다. 동맹국이 국제적으로 큰 영향력을 발휘하는 강대국인 경우 지지 확보에 더 영향을 미칠 수 있다.

---

30) 이스라엘 수상 Netanyahu는 2012. 1. 24 이란의 핵시설에 대한 선제공격을 두고 the Knesset에서의 연설에서 "우리는 다른 사람들의 손에 우리의 운명을 맡겨서는 안 된다. 우리의 운명은 우리 자신들에 의해 결정된다.(we cannot abandon our future to the hand of others. With regard to our fate, our duty is to rely on ourselves alone.)"고 하면서 선제공격에 대한 강한 신념을 보였음. 그러나 2012년 이란에 대한 이스라엘의 선제공격 논의에서 이스라엘 고위급 정치인들은 이러한 Netanyahu 수상의 신념에 동조하지 않고 반대 또는 소극적인 분위기였음. 특히, 미국 Obama 행정부는 이스라엘의 이란 선제공격 개입을 꺼려하는 분위기였음. 오바마 정부와 Netanyahu 이스라엘 행정부 간에는 이란 공격에 대해 시각차가 많이 있었고, 갈등으로도 나타났음. 2012. 3 이란 핵 기지에 대한 선제공격을 두고 이스라엘과 미국의 시각차:〈질문〉 "미국의 지원 없이는 이란을 공격해서는 안 된다."(51-42%); 〈질문〉 "미국의 지원과 협조가 있으면 이란을 공격하여야만 한다."(69-26%); 미국의 이스라엘 지지도(2012. 3. 8-11) "이란에서 확실하게 핵 개발하는 징후가 포착된 후 이스라엘이 이란에 대해 선제공격을 하는 경우 지지하는가?" ①강력히 지지(40%), ②어느 정도 지지 (22%), ③어느 정도 반대(11%), ④강력히 반대(19%), ⑤무응답(4%), ⑥잘 모르겠다(4%) 등이었음.

넷째, 선제공격 능력 보유는 가장 필수적인 성공요소다. 선제공격의 능력 보유란 반드시 어느 나라가 단독으로 모든 능력을 다 보유하고 있어야만 한다는 의미는 아니다. 어느 나라가 외국 혹은 동맹국의 지원 없이 단독으로 선제공격 능력을 보유할 수 있으면, 더 이상 좋을 것이 없다. 그러나 그러한 경우는 흔치 않다. 한 나라가 외국의 도움 없이 단독으로 선제공격에 필요한 완벽함을 갖춘다는 것은 사실상 어려운 일이다. 그러나 단독 구비 역량이 높으면 높을수록 선제공격의 성공성이 높은 것이 사실이다.

2012년 이스라엘이 이란에 대해 선제공격을 준비하는 과정에서 자체적인 능력으로서는 확증 파괴를 보장할 수 있는 공격 장비들을 구비하고 있지 못하였다. 이러한 장비들을 보유하고 있던 미국의 지원 없이는 사실상 선제공격에서 성공을 거두기 어려운 상황이었다. 그러나 미국은 적극적으로 이스라엘의 이란에 대한 선제공격을 지지하지 않았으며, 미국의 지지 없이 이스라엘은 선제공격을 감행할 수가 없었다.

접근의 용이성 여부, 공격의 난이도, 장비의 격파 성능 유무 등은 선제공격에 있어 세밀하게 점검하여야만 할 내용들이며, 공격 장비가 성능 면에서 미흡할 경우 선제공격이 성공을 거두기는 쉽지 않다. 이스라엘은 이러한 점을 충분히 점검하고 미흡함이 없도록 하여 성공을 거둘 수 있었다.

다섯째, 선제공격에서 적의 반격을 제압할 수 있는 능력 구비가 가장 필수적인 요소 중 하나다. 그러기 위해서는 적국의 공격 능력과 군사기지, 혹은 공격 장비의 위치 등을 정확하고 세밀하게 파악하고 있어야만 한다.

이스라엘은 선제공격을 실시할 경우 이란, 시리아, 레바논, 가자(Gaza)지역으로부터 반격해올 수 있는 로켓과 미사일이 20만 발이나 된다는 사실을 정확하게 예측하고, 이에 대한 대책을 수립한 후에 공격을 감행했다. 이런 대책은 상대방이 보복반격을 할 수 없도록 하는 일이며, 이는 대단히 어려운 일이다. 그러나 이스라엘은 이라크나 시리아에 대한 선제공격에서 이들이 보복공격을 할 수 없도록 철저한 조치들을 취하였으며, 이것이 완벽한 성공을 달성케 한 큰 요소 중 하나다. 이스라엘은 만약에 이라크나 시리아가 반격을 해오는 경우 핵무기로서 그들의 반격을 초토화시킬 수 있다는 점을 은근히 과시하면서 상대방의 반격 의지를 꺾었었다.

이스라엘이 이란을 공격할 경우 이란은 그 동맹국 레바논 헤즈블라(Lebanese Hezbollah)를 동원하여 반격할 것을 예상했다. 이렇게 될 경우 그것은 가장 무서운 반격력이 될 것으로 파악하였다. 이스라엘은 이러한 무서운 반격력을 어떻게 사전 차단하느냐 하는 것이 큰 고민사항이었다.

이스라엘은 첨단 미사일 방어시스템(active missile defense system)인 '화살(the Arrow: $2.7million)', '패트리어트와 아이언 돔(Patriot and Iron

Dome: Magic Wand/David's Sling 2013년 작전에 배치, 8만 달러)' 등을 치밀하게 구비하여 선제공격 후 적의 반격을 격퇴할 수 있는 역량을 확보해 놓고 있었다. 이러한 대비책 마련이 선제공격의 완벽한 성공을 달성케 하는 중요한 요소임을 교훈으로 배울 수 있다.

제4장

—

한국의
살 길은
어디에 있는가?

북핵,
실천 배치 전에
무력화시켜야

우리의 생존을 위해서는 북한 핵이 한국을 목표로 실제로 유효한 무기가 되지 못하도록 최선을 경주하여야만 한다. 북한 핵이 100%까지 완벽하게 완성되지 않은 경우에는 더 이상 완성품이 되지 못하도록 계속 노력하고, 아직 북한이 실전에 배치하지 않았다면, 실제로 실천 배치가 불가능하도록 노력하는 것이 한국 생존을 위한 대책이다.

이러한 한국 생존 대책들을 달성하는 방안들로서는 ①대화, 협상(dialogue/negotiation) / 외교정책에 의한 방안 ②제재(containment/sanction) ③타격, 선제공격(strike/preemption) ④비밀작전(covert operation) ⑤북한정권의 질적 변화(changing the North Korean regime) ⑥남북한 통일 ⑦북한 체제 몸통 흔들기(destablizing the North Korean regime) 등을 이

야기할 수 있다. 이들 각 방안들에 대해 그 개요와 장단점 등을 간략하게 이야기해보기로 한다.

1. 대화, 협상과 외교 정책에 의한 방안

대화·협상에 의한 방안이란 북한의 비핵화를 대화(dialogue)나 협상(negotiation) 등 외교적 정책을 통해 달성하는 방안이다. 이 방안은 군사적인 힘보다는 외교력 혹은 경제력을 사용하여 북한의 비핵화를 달성하는 것이다. 국민의 정부 햇볕정책, 참여정부 평화번영정책 등이 그 대표적인 예다. 그 후 이명박 정부도 큰 관심을 가졌었고, 박근혜 정부도 이 방안에 주된 관심을 경주하고 있다.

이 방안의 장점으로서는 ①강제력을 동원하지 않는 평화적인 방안이라는 점 ②북한이 주장하는 북한 체제 보장과 일치하는 방안 ③북한의 무력도발 가능성 / 북한의 불확실성 등이 다소 감소될 수 있는 가능성 ④북한이 응할 시 지원 가능성 ⑤북한을 국제무대에 나오도록 유도할 수 있는 가능성 ⑥북한에 한국 공기(空氣)·국제 공기 투입 가능성 ⑦북한의 비핵화를 원하는 국가들이 지지할 가능성 등을 이야기할 수 있다.

대화와 협상에 의한 북한의 비핵화 방안은 6자회담에 참여하고 있는 모든 국가들이 다 함께 주장하는 방안으로서, 평화적인 방안이라는 점이 최대 장점이다. 특히, 중국은 계속 이 방안을 주장하고 있다. 북한의 의견을 존중하는, 강제력을 동원하지 않는 평화적인 방법이라는 점이 최대 장점이다.[31]

이 방안은 북한이 주장하는 북한 체제를 보장할 수 있다는 점이 큰 장점이다. 북한의 비핵화 혹은 비 실전 배치를 위해 대화 혹은 협상에 참여하는 국가들은 대화와 협상을 통해 많은 이슈들을 논의할 수 있다. 북한의 비핵화와 함께 협상 참여국들이 북한 체제를 보장하는 장치들을 논할 수 있다. 북한도 대화와 협상을 하는 동안에는 최소한 자기들 체제가 보장된다는 점을 최대로 활용하여 이 방안에 응하는 면이 있을 수 있다.

또한 대화와 협상을 하는 동안 북한의 무력도발을 자제시킬 수 있다는 장점이 있다. 게다가 북한의 불확실성 혹은 예측할 수 없는 행동들이 어느 정도 자제될 수도 있는 장점이 있다. 북한이 비핵화를 위해 어느 정도 긍정적인 조치를 취할 경우, 그 대가로서의 지원이 협상을 통해 이루어질 수도 있는 장점이 있다.[32]

북한을 대화와 협상에 임하게 하는 그 자체가 북한이 국제무대

---

31) 권태영 외, (공저), 『북한 핵·미사일: 위협과 대응』, 서울: 북코리아, 2014, p. 220.

32) Michael O'Hanlon and Mike Mochizuki, "Toward a Grand Bargain with North Korea," (Lennon, Alexander T. J., and Eiss, Camille, *Reshaping Rogue States: Preemption, Regime Change, and U.S. Policy toward Iran, Iraq, and North Korea*, Cambridge, Massachusetts, London, England: The Mit Press, 2004, pp. 160~61)

에 참여함을 의미한다. 북한의 국제무대 참여는 북한의 고립성 혹은 폐쇄성을 줄임을 의미한다. 대화와 협상을 통해 철저하게 폐쇄적인 북한사회에 한국 공기 혹은 국제 공기의 투입 기회가 될 수 있다.

이를 통해 이상적인 방안이 합의되고 북한이 진실로 합의된 내용을 실천할 때, 북한의 비핵화를 원하는 관련 국가들이 적극 수용함은 불문가지다. 이런 점이 이 방안의 장점이라고 이야기할 수 있다.

그러나 단점으로서는 ①북한이 그들의 지상지고 국가 경영 철학인 선군정치 및 병진노선을 포기하지 않는 한 사실상 비핵화가 어렵다는 점 ②대화와 협상을 통해 북한과 합의를 도출하는 것도 어렵지만, 합의된 내용들을 실천하는 것은 더 어렵다는 점[33] ③북한은 대화·협상 방안을 핵 완성을 위한 시간끌기로 이용하여 왔다는 점[34] ④관여 국가들의 이해상충으로 인해 합의가 어렵고, 합

---

33) 북한은 6자회담에서 합의된 비핵화 관련 사항들을 실천함에 있어 중국의 권유도 물리치고 있음. 2014년 5월 24일 중국 국가주석 시진핑은 김정은의 특사 자격으로 방중 한 당시 북한군 총정치국장 최룡해와 다음과 같은 대담을 나누었음. 시진핑: "한반도 비핵화와 평화·안정은 많은 사람들이 바라는 일이자 대세임. 중국의 입장은 매우 명확하다. 유관국들이 6자회담을 재개해 한반도 비핵화와 동북아의 장기적 평화를 위해 꾸준한 노력을 기울여야만 한다." 최룡해: "조선은 6자회담에서 각종 형식의 대화와 협상을 통해 관련문제를 적절하게 해결하기를 바란다. 조선도 한반도 평화와 안정을 위해 적극적으로 행동할 것임."(최룡해는 비핵화를 하겠다는 의견 표명을 한마디도 안 함)

의된 내용의 실천도 어렵다는 점35) 등을 지적할 수 있다.

북한이 지난 20여 년 간 국제적으로 온갖 압박과 제재, 그리고 국내적으로 엄청난 경제적인 어려움들을 겪으면서도 핵개발을 결코 포기하지 않는 가장 핵심적인 이유 중 하나는, 김일성부터 현재 김정은까지 부여잡고 있는 소위 군사 제일주의/선군정치 때문이라고 이야기할 수 있다. 김정은 집권 이후 선군정치는 경제력 건설을 추가한 핵무기 건설·경제 건설을 강조하는 병진노선으로 강화되었다.

북한의 선군정치 핵심 내용은 ①군사력은 한반도 통일의 원천력이며 ②군사력은 북한 체제 옹호력이고 ③군사력은 대남·대외협상력이라는 내용이다. 여기서 핵무기는 북한 군사력의 요체 중 요체다. 북한은 그들이 보유하게 되는 핵무기에 대해 마치 '도깨비 부작 방망이(The Magic Mallet of Goblin)'와 같은 인식을 보유하고 있다. 어떤 어려운 일들도 부작 방망이를 한번 두드리면 다 해결할 수 있다는 강한 신념을 지니고 있다.

북한은 분단사에서 빚어진 지금까지의 모든 남북한 격차도 핵

---

34) James L. Schoff, *Nuclear Matters in North Korea: Building a Multilateral Response for Future Stability in Northeast Asia*, Virginia: Potomac Books, Inc., 2008, pp. 17 ~~21.

35) 배정호 외, (공저), 『북한 핵의 국제정치와 한국의 대북 핵전략』(KINU 연구총서 11-10), 통일연구원, 2011, pp. 71~190.

무기 하나로서 해결하려는 핵무기 존숭사상에 물들어 있다. 북한은 지상지고의 국정과제로서 반세기 이상 핵개발에 몰입해 왔다. 2013년 제3차 핵실험까지 핵개발에 총 65억 8천만 달러를 투자 (8년 치 북한 전 주민이 먹을 식량 값)한 것으로 전해진다.[36]

김정은은 2013년 2월 12일 제3차 핵실험을 감행한 후 그해 3월 31일 당 중앙위원회 전원회의에서 경제·핵 무력 병진노선 채택을 결의하였다. 북한정권은 "핵은 북한의 국보(國寶)", "적들은 우리에게 핵무기를 포기하지 않으면 경제발전을 이룩할 수 없다고 위협·공갈하는 동시에 다른 길을 선택하면 잘 살 수 있게 도와주겠다고 회유하고 있다. 우리는 핵 보검(寶劍)을 더욱 억세게 틀어쥐고 핵 무력을 다져나가지 않을 수 없다." "다시 한 번 명백히 하건대 우리 핵은 흥정물이 될 수 없으며, 협상 탁(자)의 거래물로 되지 않는다."(2013. 7. 1. 조평통 대변인 성명) 등을 주장하면서 핵개발에 박차를 가하여 왔다.

북한의 핵개발은 김일성에서부터 김정은까지의 3대 합작품이라고 이야기할 수 있다. 실제 핵 보유국에 대한 숙원 과제, 즉 김일성이 6·25전쟁에서 한반도 공산화 통일 실패 후 핵개발에 착수하여 그 후 60여 년 간 3대가 공들인 합작품이다. 북한 외무성은

---

36) "[北 핵실험] 核개발에 65억불 쏟아부어... 8년 치 식량분"(뉴시스, 2013. 02. 12. mnews. joins.com 검색 2016. 6. 11)

"전 세계가 비핵화되기 전에는 북한은 비핵화 논의 자체를 거부한다."(2013. 1.)고 주장하였다. 2016년 1월 6일 북한은 제4차 핵실험을 기습 단행 한 후 "하늘이 무너져도 핵개발을 포기하지 않는다"는 공개적인 핵 보유국임을 천명하기도 했다.

그동안 북한의 비핵화를 위해 대화와 협상을 해온 경험으로부터 얻을 수 있는 교훈은 어떤 합의를 도출하기도 어렵지만[37], 합의된 내용들조차 아예 합의된 그 다음날부터 실천하지 않거나, 혹은 내용이 애매하거나 북한에 불리하다고 생각되는 것에 대해서는 이런 저런 트집과 핑계를 대면서 실천하지 않는 것이 그들의 상습적인 태도였다는 점이다.

그리고 북한은 합의된 내용을 실천하지 않으면서 합의사항을 무효화시키든가, 또는 다른 협상을 시도하면서 시간 끌기하는 것이 역시 상투적인 태도였다.[38] 이런 점들이 대화·협상/외교정책에 의한 북한 비핵화 방안의 단점이다.

---

37) William J. Perry, "It's Either Nukes or Negotiation," *Washington Post*, July 23, 2003, p. A23.

38) "…중국이 북핵이야말로 한반도 안정과 평화를 가로막는 만악의 근원이라는 인식은 제대로 하면서도 그 해결을 위한 접근방법이 현실과 거리가 멀 뿐만 아니라 행동 또한 소극적이라는 사실을 보여준다. 6자회담 중단의 원인이 북한의 일방적 약속 파괴, 회담 중에도 지속해온 수위를 높여온 무력도발 등이라는 엄연한 사실은 외면하면서 미국과 북한의 상호 불신이 양쪽 모두의 책임인 것으로 표현하고 있기 때문이다. 2003년 시작된 이래 2008년 중반에 이르기까지 6자회담이 북한의 시간 끌기에 휘둘렸을 뿐 결국 북핵을 포기시키지 못함으로써 그 해법으로서 기대하기 어렵다는 점이 확인됐는데도 여전히 집착하고 있기도 하다."(2014. 3. 10일자 《문화일보》사설 「北核문제는 한반도 둘러싼 모든 難題의 근원」 참조)

북한의 비핵화를 위해 다자회담이 개최되는 경우 참여국들의 이해상충은 합의를 어렵게 함은 물론, 그것이 진정한 합의라기보다 참여국들의 이해관계에 따라 적당한 타협점에서 이루어지기도 한다. 그리고 합의된 내용의 실천을 위한 노력도 각국의 이해여부에 따라 정도 차가 심한 것이 사실이다.

특히 중국 측의 무성의와 은근한 북한 비호는 북한의 비핵화에 실제적인 장애요소가 되어왔다. 북한의 비핵화를 위한 6자회담이 실효적인 대화나 협상이 되지 않은 이면에는 중국의 북한 비호가 결정적인 영향을 미쳐왔다. 제3차 핵실험 이후 북한의 비핵화를 위한 6자회담 재개를 두고 중국의 북한 비호가 비핵화를 방해하는 장애 요소임을 2013년 11월 23일자 《조선일보》는 「비효율적인 6자회담」 제하의 기사에서 대음과 같이 보도했다.

"6자회담 재개를 두고 당사국 간에 치열한 줄다리기가 계속되고 있는 가운데 중국 측이 '6자회담 재개 조정안'을 제시하였으나 한·미·북 모두는 거부반응을 보이고 있다. 중국 측이 제시한 조정안은 ▲참가국의 회담재개 동의와 9·19 공동성명에 따른 의무 이행 ▲한반도 비핵화 실현 ▲비핵화 과정에서 북한의 관심사항 해결 ▲한·미·일과 북한의 관계개선 및 북한 체제 전복의사 없다는 표시 ▲한반도 평화조약 체결 노력 ▲행동대 행동 원칙 유지 ▲6자회담의 정례화 등을 담고 있다. 이러한 중국의 제의에 대해 미국은 ①북한이 핵개발·

경제발전의 '병진노선'을 추구하는 등 핵무기 포기 의사가 불분명하고 ②영변 등 핵무기 원료제조시설을 가동하고 있기 때문에 회담 재개를 위한 '담보물'로서 사전조치가 필요함을 주장하면서 중국의 제의를 거부했다."39)

위 내용은 북한이 거부한 것이다. 그렇지만 '비핵화 과정에서 북한의 관심사항 해결', '한·미·일과 북한의 관계 개선 및 북한 체제 전복 의사가 없다는 표시', '한반도 평화조약 체결 노력' 등은 북한이 상투적으로 주장하는 내용이며, 이를 중국이 대변하고 있다고 볼 수 있다.

특히, 한반도 평화조약 체결 내용 속에는 '주한 미군 철수'라는 것이 핵심인데, 한국이나 미국이 합의할 수 없는 내용이다. 6자회담에서 이러한 중국의 북한 비호 태도 혹은 중국 자체의 국익차원에서 북핵문제 취급 등이 북한의 비핵화를 실효적인 대안을 도출할 수 없게 만들었다.

북한에 대한 비핵화 방안은 지금까지 오직 대화·협상에 의한 방안이 유일무이한 것이었다. 그러나 이 방안은 불량국가 북한에 적용하기에는 부적합한 실효성이 없는 방안이라는 것이 많은 전문가들의 주장이다. 6자회담 당사국들은 실효성 없는 이 방안만

---

39) 「비효율적인 6자회담」(《조선일보》 2013. 11. 23일자 참조)

을 주장하면서 세월을 보내다가 2016년 1월 6일 북한이 제4차 핵실험을 감행케 만들었다. 대화·협상과 외교정책에 의한 방안은 북한의 비핵화에 실효성 없다는 것이 검증된 셈이다.

2. 제재

이 방안은 북한의 고립을 강화하면서 북한에 계속 압박을 가하여 비핵화를 달성하는 방안이다. 북한이 비핵화를 수용하지 않을 경우 국제적으로 계속 압박하여 외교와 경제적인 제재 등을 견딜 수 없어 북한이 결국 비핵화를 수용하도록 하는 방안이다.

이 방안의 요지는 세계의 핵을 통제하려는 나라들이 힘을 합쳐 핵 보유국 혹은 핵개발을 시도하는 나라를 고립시키면서 압박을 가한다는 것이다. 그것은 예컨대 필요한 경우에는 북한 정권이 가장 두려워하는 체제 전복 혹은 교체 가능성도 보이면서 압박을 가하는 것이다. 선제공격의 가능성을 비치면서 더 강한 압박 외교와 더 강한 경제적 제재를 통해 핵개발을 포기하도록 하는 것도 그 내용이 될 수 있다. 이 방안이 성공을 거두기 위해서는 압박을 가하는 국가들끼리 대상국에 대해 강한 결속을 과시함이 제일 중요하다.[40]

제재에 의한 방안의 장점으로서는 ①한국, 미국, 일본, 중국 등

북한을 제외한 6자회담 참가 5개국 모두가 북한의 비핵화를 주장하고 있다는 점[41] ②중국이 북한의 비핵화를 원하고 있고, 한국과 중국이 전략적 동반자 관계라는 점[42] ③비핵화 후 북한이 상응하는 지원을 받을 가능성이 있다는 점 ④북한의 체제 존망과 연계시키면 비핵화의 가능성이 있다는 점[43] 등을 이야기할 수 있다.

북한을 제외한 6자회담 참가국들 모두는 북한의 비핵화를 원하고 있다는 점은, 제재를 위한 결속력의 강화 가능성을 의미한다. 북한을 제외한 모든 다른 나라들이 북한의 비핵화를 진정으로 원

---

40) 예를 들면, 북한이 핵무기 개발을 위한 핵물질 수입 혹은 핵확산의 징후가 있는 경우 북한을 드나드는 선박의 철저한 통제를 하는 미국 주도 Proliferation Security Initiative(PSI) 활동 강화, 동해안에 항공모함을 배치하여 북한이 핵개발을 포기하지 않을 경우 선제공격의 가능성을 높이는 것, 주한 미군을 한강 이북에 전진 배치시키면서 압박의 수위를 높이는 것 등이 구체적인 제재행위에 속함.

41) 한국+미국+일본이 북한의 비핵화를 위해 공조가능: 북핵 위협은 미국과 일본에 남의 일이 아님. 미국 상원: 국무부에 '핵·미사일 원천 제거'이행 압박(2013. 2. 14) "아·태 미군은 대북 군사작전 강화를 위해 모든 조치 취하라."('북한의 핵확산 및 다른 목적으로 사용을 금지하는 법안(A bill to prevent nuclear proliferation in North Korea, and for other purposes)' 2013. 2. 14); UN 결의 1718, 1874, 2087 등 기본적인 제재 내용 기(旣) 존재. 이들 실천에 대한 경험 보유: 미흡점, 더 치밀한 방안 마련 가능성.

42) 중국과 정교한 전략공조가 필수 성공요건. 중국은 매년(2013년 현재) 북한에 곡물 30~40만 t, 원유 50만t, 코크스탄 120~130만t 공짜/헐값에 제공하고 있었음.

43) "북핵 저지를 위해 더 강한 제재가 필요하다. 북한의 제재를 기다리는 것은 매우 우스운 일이다. 대북제재를 가해서라도 변화를 이끌어내야 한다."(2015. 3. 3 한국을 방문한 전 미국 CIA국장, 울시); 북한정권의 존속 여부에 영향을 주는 제재방안이어야만 함. 철저한 고강도 실천방안이 아니면 북한은 "추가제재를 두려워하지 않는다"라고 하면서 더욱 기고만장: 〈예〉 북한은 2013년 제3차 핵실험 후 연내 1~2차례 더 핵실험할 것임을 중국에 뻔뻔하게 통보 (2013. 2. 15) 등

하고 있으며, 효율적인 제재가 가능하다는 이야기다. 문제는 제재의 강도와 제재의 목표가 다 상이하다는데 있다.

다음으로 중국이 진정으로 북한의 비핵화를 원하는 것은 대단히 중요한 내용이다.[44] 특히, 한국과 중국이 전략적 동반자 관계를 설정하고 있기 때문에 양국의 결속 여하에 따라 실효성 있는 제재가 가능할 수도 있다. 주변국들의 제재에 의해 일단 비핵화만되면 압박을 행사한 국가들은 지원하는 자세로 변화될 가능성이 높다. 그리고 제재국들이 일치단결하여 진정한 비핵화를 거부하면 정권이 멸망할 수도 있다는 강한 신념과 실제 행동력을 보이면, 북한은 망하는 것보다는 비핵화를 선택할 가능성이 있다.

비핵화 여부는 북한의 존망과 직결된다는 점을 암시하면서, 북한에 제재를 가할 경우, 북한의 비핵화가 실현될 가능성이 있음을 2014년 1월 17일자 《조선일보》는 다음과 같이 주장하고 있다.

"통일연구원이 게임이론을 이용해 북한의 핵 선택에 대한 시나리오를 분석한 결과, 한국이 북한을 무작정 지원하는 햇볕정책이나 대북 강경제재 방식으로는 북한의 핵 포기를 이끌어낼 수 없는 것으로 나타났다. 그러나 한국과 미국 등이 핵개발을 비롯한 북한의 도발행

---

44) 중국 왕이 외교부장은 "중국은 어느 누구도 우리 문 앞에서 말썽을 일으키는 것을 허용하지 않을 것이다."(《문화일보》「왕이 문 앞 말썽 허용 안 해」중 '북 비핵화' 또 강조'(2014. 1. 27 일자)

위에 대해 강력한 응징으로 대응하면서 한편으론 대화를 통한 해결책을 동시에 제시하면 북한이 핵 포기로 선회할 가능성이 있는 것으로 나타났다.

한국의 반격에 대한 두려움을 키우고 핵이 오히려 북한의 안보를 위협한다는 인식을 심어줘야 변화가 일어난다는 것이다…

강력한 응징을 통해 김정은 체제가 무너질 수도 있다는 위기감을 줘야한다"며 "그래야만 북한이 핵개발로 인해 얻을 이익보다 안보적 불이익이 커질 수 있다고 했다…. 중국과 한국·미국 우호관계가 대폭 강화되면서 중국에 북한의 전략적 중요성이 약화될 경우 중국의 대북지원은 크게 줄어들 수 있다. 이럴 경우 북한은 중국의 도움 없이 장기적으로 버티기 힘들어지고 결국에는 비핵화를 선택할 수밖에 없는 상황이 올 수도 있다는 것이다."[45]

이 방안의 단점으로서는 ①북한 정권은 70여 년의 역사 속에서 외압이나 위기에 잘 견디는 내성(耐性)을 보유하고 있다는 점[46] ②제

---

45) "북핵 해결 열쇠는 도발에 대한 응징과 미·중 공조"(《조선일보》 2014. 1. 17일자 참조)

46) "불량국가 지도자는 국민들이 굶주린다고 하더라도 자신들의 안위에만 신경 쓰면서 핵무장에만 더 신경을 씁니다. 자국민들의 삶의 질이 떨어지더라도 별 관심이 없습니다. 유엔 안보리 결의 등이 국내적으로 핵 프로그램을 진행하는데 전혀 영향을 주지 않습니다. 북한은 고립된 빈민국으로서 경제적으로 압력을 받았을 때 영향을 받을 수 있는 부분이 아주 적습니다." (2014. 7. 7 이스라엘 BESA Center 소장 Dr. Efraim Inbar, 「불량국가의 비핵화 방안」 제하 세종 특별강연에서)

재국들 간의 결속이 제대로 되지 않는 경우 제재의 유효성을 상실할 가능성이 있다는 점[47] ③제재 국가들과 북한의 구체적 관계의 상이함 때문에 제재 수단 및 제재 강도를 두고 견해차가 있을 수 있다는 점[48] ④제재가 강해질 경우 북한의 선제공격 가능성 ⑤ 제의 성공 여부를 중국에 지나치게 의존하여 중국의 진정한

---

47) 제4차 북한의 핵실험(2016. 1. 6)에도 제재국들 간 결속이 제대로 되지 않는 면이 핵실험 실시 후 3주가 지나가고 있는 시점에 극명하게 나타났음: 2016. 1. 27 미국-중국 간 제4차 핵실험을 자행한 북한에 대해 고강도의 제재를 위한 '베이징 담판'이 있었으나 별다른 성과 없이 끝났음. 왕이 중국 외교부장은 이날 베이징에서 존 케리 미 국무부 장관과 회담을 가졌지만 "제재가 목적이 되면 안 된다. 북핵문제는 대화와 협상이 유일한 해결방법이다." '중국의 한반도 3원칙(비핵화, 평화·안정, 대화·협상을 통한 문제해결) 가운데 어느 것 하나도 빠져선 안 된다는 입장은 희로애락에 따라 변하지 않는다'라고 주장하면서 강력 제재에 대한 부정적인 견해를 표출하였음. 이러한 중국의 소극적인 태도는 설사 유엔의 제재안이 나오더라도 실질적인 효력을 발휘하기가 어려울 것이라는 전망임.(「또 이번에도… 北韓 싸고돈 中國」 (《조선일보》2016. 1. 28일자 참조)

48) 2016. 1. 6 북한의 제4차 핵실험 이후에도 제재에 동참하는 각국들과 북한과 이해관계의 상이함 때문에 제재의 전망이 어렵게 예상되는 징후들이 바로 나타났음: 북한의 제4차 핵실험 이후 역사상 유례없이 빠른 속도로 UN안전보장이사회는 그 다음날 새벽 06:16 15개 회원국이 전원 참석하여 안보리 의장 엘비오 로셀리 사회로 "①북한의 제4차 핵실험은 유엔결의 1718(2006), 1874(2009), 2087(2013), 2094(2013)를 위배한 행위이며 ②북한의 제4차 핵실험은 국제평화와 안보를 위협하는 행위이며 ③북한이 추가 핵실험을 할 시 중대한 추가제재(further significant sanction)를 가할 것을 이미 결의하여 놓았으며, 그에 따라 그러한 조치를 담은 작업을 즉각 시작할 것임"을 핵심내용으로 하는 유엔 안보리 결의를 발표하였음. 그러나 그로부터 10일도 못가서 중국의 대북제재 자세는 종전과 같이 극히 소극적이고 애매한 태도를 보였음: "핵실험 이후 한국의 박근혜 대통령은 전략적 파트너로서 중국의 의미 있는 역무를 기대하면서 5번이나 전화통화를 시도하였으나 시진핑은 결코 응하지를 않았음"; "북핵의 해법에 중국이 '황금열쇠'를 가진 것이 아니다."(2016. 1. 15일자 《중국 환구시보》);
"미군 전략자산 (B-52)의 한반도 전개와 '사드(THAAD)' 배치문제에 대해 우려표명"(2016. 1. 15 한중 국방정책 실무회의(서울)에서 중국대표) 등

협조가 없으면 사실상 제재가 어려운 점 등이다.

북한은 건국 이후 지금까지 인위적으로라도 늘 위기를 조성하여 인민들을 결속시키고 통제하는 정권이다. 따라서 북한은 강도 높은 위기에도 잘 견디는 내성을 보유하고 있다. 북한이 전통적으로 지닌 내성으로 인해 관련국들의 제재가 실효성이 없을 가능성이 높다는 것이 약점이다.

또한 제재국들이 한마음 같이 결속되지 않을 경우 그 제재는 사실상 효과를 거두기 어렵다. 북한이 핵실험 혹은 미사일 발사 실험을 할 때마다 유엔 안보리나 6자회담 기구를 통해 각종 제재 안을 결의하였다. 그러한 결의안들이 실효성이 없었던 것은 진정한 북한의 비핵화를 위한 결속이 어려웠던 점이 그 핵심 이유 중 하나다.

북한과 제재국들과의 구체적인 관계가 각기 상이한 것은 사실이다. 구체적 관계의 차이점들은 그 제재 수단 및 제재 강도를 어느 정도로 할 것인가를 놓고 많은 차이점이 나타나는 게 자연스러운 현상이다. 이러한 차이점들은 역시 북한의 비핵화를 어렵게 할 수 있다.[49] 고려대 김성한 교수는 "중국은 북한 문제를 대미 전략의 틀 속에서 보기 때문에 북한의 전략적인 도발에도 불구하고

---

49) Delpech, Therese, Nuclear Deterrence in the 21st *Century: Lessons from the Cold War for a New Era of Strategic Piracy*, Santa Monica: The RAND Corporation, 2012, p.103.

북한을 미중(美中) 사이의 완충국가(buffer state)로 간주하여 제대로 제재를 하지 않았다"고 하면서, 북한과 중국의 특수 관계와 중국의 국가이익 차원의 대북정책 때문에 제재가 제대로 이루지지 않았다고 주장한다.[50]

북한에 대한 제재가 높아 가면 북한이 한국에 대해 선제공격을 감행할 가능성이 있다. 북한 정권의 속성이 언제 무슨 짓을 할지 모르기 때문에, 강도 높은 제재를 차단하는 하나의 수단으로서 북한이 선제공격을 감행할 수도 있다. 그 같은 선제공격 가능성을 물리칠 역량을 구비하면서 북한 제재의 강도를 높이는 것이 당연한 논리이며, 이것은 사실상 전면전(全面戰)으로 금방 확전될 수 있는 상황이라고 볼 수도 있다.

북한의 비핵화를 위해 중국의 진정한 협조는 필수적 요소다. 북한의 비핵화 여부는 사실상 중국의 비핵화 의지 및 실천적인 행동에 절대적인 영향을 받는 것은 사실이다.[51] 중국이 북한 핵에 위협을 느끼는 정도는 분명 한국이나 미국, 일본이 느끼는 위협과는 차이가 있을 수 있다. 그리고 중국과 미국, 중국과 일본, 중국과 한국의 관계가 어떠냐에 따라 중국의 북한 비핵화 신념과

---

50) 김성한, "미국 외교 특 속에서의 한국", 신아시아연구소, 『新亞細亞』 (Spring 2016), p. 43.

51) Aiden, Warren, (eds.), *The Obama Administration's Nuclear Weapon Strategy: The Promise of Prague,* London and New York: Routledge, 2014,pp. 155~56.

실천력은 큰 차이가 있을 수 있다. 북한의 제4차 핵실험 이후 유엔이 대북 제재를 함에 있어 관련국들 간 합의의 어려움들을 겪었으며, 그 주된 원인은 중국 때문임을 2016년 1월 19일자 《조선일보》는 "강력한 안보리 결의안이 나오기 위해서는 '중국'이라는 벽을 넘어야만 한다. 왕이 중국 외교부장은 새로운 유엔의 대북 제재는 지지하지만, 대립을 부추기거나 한반도 혼란을 야기하는 방식이 돼서는 안 된다"라고 보도했다.[52]

중국이 주장하는 "한반도에서 대립이나 혼란 없이 북한을 비핵화하여야만 한다"는 주장은 결국 북한의 비핵화에 올인 하지 않겠다는 의미로 해석이 된다. 이 주장은 결국 북한과 대립을 해서도 안 되고, 갈등을 동반하는 혼란을 가지면서 비핵화를 시도하면 안 된다는 주장이다. 지난 제7차 북한노동당 대회에서 북한은 '항구적인 핵 보유국 선언'을 했는데, 그러한 북한을 상대로 평화로운 대화를 통해서 문제를 해결해야만 한다는 주장이다.

한 마디로 어불성설의 주장이다. "북한정권이 없어질 것인가? 아니면 핵을 포기할 것인가?"하고 절박하게 압박하여도 북한은 핵을 포기하기 어려울 텐데, 대립이나 혼란을 피하면서 북핵 문제를 평화적으로 해결하여야만 함을 주장하는 중국의 태도가 실효적인 제재가 되지 못하게 하는 주원인이 될 수 있다.

---

52) 《조선일보》(2016. 1. 19일자 「포위망 넓히는 '北核 제재 3대 축'」) 참조

필자는 후진타오 시절 중국의 외교정책을 진두 지휘한 다이빙 궈(戴秉國) 전 국무위원과 2016년 5월 17일 한중 친선협회 주최 만찬에 동석하여 "당신은 현재 중국이 주장하고 실제 이행하고 있는 북한 비핵화를 위한 제재방안에 의해 북한이 결과적으로 비핵화 된다고 생각하느냐?"고 물어보았다. 그의 답은 이랬다.

"북한 핵이 포기된다는 것을 담보할 수는 없다. 그러나 의지가 있으면 길이 있다고 생각한다. 북한 핵을 포기시키려면 북한이 왜 핵을 보유하려고 하는지 그 원인들을 정확하게 알아야만 해결방안이 나올 수 있다. 짧은 시간에 모든 것을 한꺼번에 달성하려고 하면 안 된다. 북한의 핵문제는 대단히 복잡하게 얽혀있기 때문에 한꺼번에 해결되기는 참 어려운 과제다. 복잡한 한반도 문제와 함께 생각해야만 한다. 핵을 포기시키기 위해서는 북한에 대한 압력도 필요하다. 그러나 압력만으로는 안 된다. 북한을 붕괴로 몰면서 북핵문제를 풀려고 해서는 안 된다. 북한의 붕괴는 더 큰 혼란을 가져오기 때문이다."[53]

이 같은 다이빙궈의 주장은 현재 중국 정부의 주장과 대동소이하다고 보아야만 한다. 그의 주장은 ①현재 중국이 북한의 비핵화

---

53) 2016년 5월 17일 18:30-21:30 서울 장충동 앰배서더호텔에서 한중 친선협회 주최로 개최된 만찬석상에서 필자의 질문에 대한 다이빙궈의 답변 내용임.

를 위해 이행하고 있는 제재방안에 의해 북한이 비핵화 된다는 보장을 할 수가 없고 ②북한의 비핵화 문제를 한꺼번에 해결하려고 해서는 안 되며 ③북한의 비핵화 문제를 해결하기 위해서는 핵을 보유하려고 하는 북한의 입장을 고려하면서 해결을 해야만 하고 ④북한의 핵문제는 미국의 한반도 개입과 관계된 복잡한 문제이기 때문에 그걸 연계시켜 풀어야만 하며 ⑤북핵 문제를 풀기 위해 필요한 경우 압력을 행사할 수도 있지만, 그러한 압력이 정권 붕괴로 이어져서는 안 된다는 주장이다.

북한 제재에 대한 이러한 중국의 기본 태도를 간파하고 있는 북한은 안심하고 노골적으로 유엔 제재 결의 사항들을 위배하면서 한국, 미국, 일본의 '강력한 북한 제재'를 오히려 조롱하고 있는 것이다.

3. 타격, 선제공격

북한의 핵무기가 완제품이 되기 전에 선제공격을 가하여 불능화 혹은 폐기처분 시키는 방안이다. 이것은 재앙을 앉아서 기다리지 않고 재앙이 발생하기 전에 미리 적극적으로 그 근원을 제거하는 방안이다. 한마디로 "모기가 생기기 전에 모기들이 태어나는 연못을 없애버리는 것"[54]이다. 소위 이스라엘(Israel)식 비핵화 방안이다.

　"지난 2월 12일 북한은 기어코 제3차 핵실험을 강행했다. 북한은
소형화·경량화를 달성한 성공한 핵실험이었다고 기고만장하다. 북한
이 실제 핵 보유국이 됨은 눈앞의 현실로 바짝 다가와 있다. 핵 보유
국 북한은 한국 생존·발전·번영에 재앙 중 재앙의 근원이 될 수 있다.
본 재앙을 지혜롭게 극복 못 하면 한국의 과거·현재·미래가 송두리째
잿더미가 될 수도 있다.

　필자는 다가오고 있는 본 재앙극복에 대한 지혜를 얻기 위해
2011. 3. 19~27일 간 이스라엘을 방문 안보·전략 전문가들을 인터
뷰한 경험을 갖고 있다. 그들의 주장들을 요약하면 다음과 같다.

　첫째, 생존을 원하거든 적이 핵무기를 100% 완성하기 이전에 반
드시 결판을 내라는 주장이다. 여기서 결판이란 회담으로 안 되면 물
리력을 동원 격파하라는 이야기다. 그것을 하지 못하면 그저 앉아서
죽는 수밖에 없다는 이야기다. 그들은 "공산주의자들이나 테러리스트
들은 회담으로서 그들의 대량 살상무기를 포기한 예가 없다. 불량국
가 북한은 대화로서 그들이 개발하고 있는 핵을 포기할 실체가 절대
로 아니다. 따라서 북한 핵무기 폐기는 100% 완성되기 이전에 물리

---

54) 이스라엘의 BESA Center 소장 Efraim Inbar 교수는 2011. 3. 22 당시 BESA Center를 방
　　문한 필자와의 대화에서 "재앙의 사전 제거는 국가안보에서 가장 핵심적인 일 중의 하나임"
　　을 강조하였음.

력을 동원 파괴하는 방법 외 다른 방법이 있을 수 없다"고 주장했다.

이스라엘은 그들의 생존을 위해 1981년 이라크에서, 2007년 시리아에서 그 당시 건설하고 있었던 핵시설을 파괴하였고, 현재 이란이 개발하고 있는 핵무기도 향후 100% 완성되기 이전에 반드시 파괴할 것이라고 주장했다.

둘째, 교정 없는 악행(惡行)에 대한 근본적인 해결책은 그 악행을 저지르고 있는 본체를 계속 흔들라는 주장이다. 악행의 실체가 악행을 저지를 여유를 갖지 못하도록 그 본체를 계속 흔들든가, 아니면 그 본체를 없애버리는 것이 큰 지혜 중 하나라는 주장이다. 북한정권이라는 본체를 계속 흔들면 북한 정권은 자체생존이라는 보다 화급한 과제 때문에 핵개발을 더 이상 진척시킬 수 없다는 주장이다.

마지막으로, 안보의 근본정신은 '자립(self-reliance)을 바탕으로 하는 사생결단 정신'이라는 주장이다. 안보는 누이 좋고 매부 좋고 동네사람들 다 좋아하는 합의점을 찾는 것이 아니고, 결정적인 순간에 가장 지혜로운 결정적 방책을 결행하는 일이라는 주장이다. 북핵 문제 해결책을 두고 누이·매부·동네사람들 각자 자기들 입장에서 하는 이야기들 다 신경 쓰면서 지혜를 찾다가 보면 그 지혜는 무용지물이 되고 만다는 주장이다.

이런 경우 진정 내 목숨 지킬 수 있는 가장 현명한 지혜를 골라 먼저 결행하고, 그 다음에 시간을 두고 그들을 이해시키는 것이 참된 안보라는 이야기다. '북핵 폐기를 위한 선제타격', '한국 핵개발 선언'

등은 우선 누이 매부 동네사람들과 뜻이 맞도록 함께 합의·협력하고,
그렇지 않으면 한국이 자체 생존을 위해 일방적으로 선언하고 실천
할 주제들이라는 주장이다."[55]

　이스라엘의 안보문제 전문가들은 "공산주의자들이나 테러리스
트들과 대화나 협상을 통하여 비핵화를 달성한다는 것은 어리석
은 기대이며, 이들에 대한 비핵화는 오직 선제공격밖에 없음"[56]을
주장한다. 한국은 이스라엘이 그들 주변국들의 핵 위협에 어떻게
대응하고 다스리는가를 정밀하게 살펴볼 필요가 있다.

　이스라엘 전문가들은 주변국들이 핵을 보유하는 것은 너무나
이스라엘에 치명적이기 때문에 주변국들의 핵개발을 뻔히 보면
서 결코 용납할 수 없다는 주장을 한다. 주변국들의 핵개발이 시
작되는 경우, 무슨 수를 쓰든지 치밀한 정보와 전략전술을 구사
하여 그 핵이 완성되기 이전에 그 시설들을 파괴하여버리는 것이
이스라엘의 핵 안보 전략의 핵심 내용이다.

　그렇지 하지 않으면 이스라엘인들이 다 죽고, 국가가 멸망하기

---

55) 필자가 2013년 2월 21일자 《국방일보》 '세상보기' 칼럼에 「이스라엘 스타일 비핵화」 제하에
　　게재한 내용.
56) 필자의 한국국가정보학회 주최 2011 한국국가정보학회 학술회의(국가정보원 창설 50주년
　　기념 학술회의, 2011. 5. 26, 코리아나호텔 7층 글로리아홀) 발표문 「이스라엘 국가안보: 지
　　혜, 경험, 그리고 교훈」, pp. 21~22.

때문이라고 주장한다. 이 구체적인 사례가 1981년 이라크에서, 2007년 시리아에서 당시 핵 개발 시설들을 파괴시킨 역사적인 사례들이다.

앞의 제3장에서 살펴본 바와 같이 이스라엘은 1981년 이라크, 2007년 시리아에서 실제로 선제공격을 감행하여 성공을 거두었다. 이 방안이 성공을 거두기 위해서는 철저한 감시 및 정확한 타격 능력을 구비하여야만 한다.

정확한 타격 능력과 관련, 한미 간에는 소위 킬 체인 체계(Kill Chain System)의 조기 구축을 논하기도 했다. 킬 체인이란 한·미 간에 정찰위성 등 감시 정찰 자산으로 북한의 위협을 1분 이내에 탐지하고, 식별된 정보를 바탕으로 3분 내에 타격 명령을 내리는 등 이상 징후 탐지 후 30분 내에 북한의 핵무기를 선제 타격한다는 억제 전략이다.[57]

한미 간에는 북한 핵개발 시설들에 대한 정확한 정보를 입수한 후 미군이 보유한 최첨단 장비들을 동원하여 반드시 성공하는 선제공격 능력을 구비하기 위해, 공동작전이 논의된 것으로 보도되고 있다. 예를 들면 "미국 공군은 마하 5(소리속도 5배)의 무인 무기 비행체를 2023년까지 실전에 배치함으로서 군사적인 타격을 가

---

57) https://ko.wikipedia.org〉wiki〉키-체인(검색일: 2016. 6. 13)

할 수 있는 능력을 구비할 것이다.[58]

이런 첨단병기는 선제타격에 대단히 효과를 거둘 수 있다. 미국이 보유하고 하고 있는 첨단 정찰 장비로서는 정찰위성(KH-12 : 500~600km거리에서 자동차 번호판 식별), 패트리어트 미사일(PAC-2, 요격 율 40%이하), 전자충격파탄 (EMP, Electromagnetic Pulse), 무인기(Drone) 등을 정밀하게 계산된 맞춤형으로 그 실효성을 증대시킬 수도 있다.

이 방안의 장점으로는 ①'재앙 사전 제거'는 피해를 최소화시키는 지혜로운 방안[59](언제 무슨 짓을 할지 모르는 속성을 보유하고 있는 북한이 핵 보유국이 되면 한국에 대해 기습공격을 할 수 있는 위협을 사전에 제거할 수 있다는 점[60])이라는 점 ②한국은 세계 최첨단 과학기술과 군사적 능력을 보유한 미국과 동맹국 관계를 유지하고 있기 때문에 타격을 가할 수 있는 능력을 충분히 구비할 수 있다는 점[61](감시와 가격을 할 수 있는 한미 연합 방위체제 보유-- 첨단장비 보유; 북한 전역을 타격할 수 있는 순항미사일을 독자 개발 이미 실전배치, 2013. 2. 14 언론보도) ③개별 국가 차원의 적극적 방책: 국제 공동 협조의 수많은 취약점 보완 ④UN 결의 2087 이후 한미 간 독자 제재를 위해 상의하고 행동으로 실행함을 과시할 수 있다는 점 ⑤선제

---

58) 2015. 6. 6. CNN reported by Sophie Tatum

59) "1994년 북한의 핵시설을 공격하지 않아서 북한이 핵 보유국이 되었다." (2015. 3. 3 한국을 방문한 전 미국 CIA국장, 울시)

60) "필요하면 미국을 선제타격하겠다." (2015. 3. 3 리수용 북한외무상, 스위스 제네바 유엔 군축회의 기조연설에서)

타격 방안은 직접적으로, 단시간에 확실하게 검증이 되는 성과를 달성할 수 있다는 점(성공을 한다는 가정 하에서), ⑥지난 수년간 북한의 경제적 어려움으로 인해 북한군은 사실상 외부에 알려져 있지 않은 수많은 약점이 있으며, 선제공격을 당하고 보복하는데도 많은 문제점을 갖고 있다는 점, ⑦지난 20여 년 동안 대화와 협상을 통한 북한의 비핵화가 사실상 어렵다는 것을 주변국들이 인식하고 있다는 점[62] 등이다.

북한이 핵 보유국이 되면 한국에 대해 얼마든지 선제공격을 감행할 가능성이 있으며, 이러한 가능성은 한국의 존망에 절대적인 영향을 주는 재앙 중 최고의 재앙이다. 엄청난 국가적 혹은 민족적 재앙이 계속 현실로 다가오고 있는데 취할 수 있는 사전조치를 취하지 않는 것은 국가안보를 방기(放棄)함을 의미한다.

---

61) 한국은 미국 및 우방국들과 진정한 공조체제만 이루어지면 무서운 타격수단들을 구비할 수 있음: ①〈B-2 스텔스 폭격기〉(길이 20m, 폭 52m, 대당가격 20억 달러, 미공군 1993년부터 실전배치. 폭탄 미사일 탑재: 총18t, B-61 등 핵폭탄 (900kg 합동 직격탄) 16발 탑재가능. 장거리 공대지 미사일 16발, 225 GPS 유도폭탄 합동 직격탄(JDAM) 80발, GBU-507 (벙크 버스터) 탑재가능. Radar에 잡히지 않음. 미 본토 미주리 화이트맨(Whiteman) 기지→군산 1만5천km (15시간 소요). 공중 급유 실시. (2013. 3. 28 한반도 상공에 와서 훈련 후 귀국); ②〈B-52 폭격기〉 "2013. 3. 19, B-52 한국에서 4시간 북한 폭격 훈련"(2013. 3. 20 한국언론 보도); ③〈미국보유 가미가제 Drone〉 길이 60cm, 무게 2.7kg, GPS 조종, 시속 160km; ④이스라엘의 아이언돔 및 아이언 빔.

62) 2006년과 2009년 북한이 미사일 발사시험과 핵실험을 하였을 때 일본은 '敵地攻擊論', '선제공격론'을 제기한 바 있음 (남창희·이종성, 「북한의 핵과 미사일 위협에 대한 일본의 대응: 패턴과 전망」, 세종연구소, 『국가전략』제16권 (2호, 2010, p. 80 참조)

북한이 한국을 사전 공격할 가능성이 있다는 주장들로서는 ①
북한 정권은 언제 무슨 짓을 할지 모르는 비합리적 속성(Enigmatic
Regime)을 보유하고 있는 정권이며 ②가진 것이 없는 북한은 내외
상황이 어려울 경우 이판사판적인 의사결정을 할 가능성이 있으
며[63] ③남북한 간 국지전에서 북한이 큰 피해를 입거나 정규전에
서 승리를 장담할 수 없을 경우 ④핵무기 관련 그동안 북한의 결
의 및 조치 사항들을 볼 경우 선제공격의 가능성을 보이고 있으
며[64] ⑤북한이 대남정책의 궁극적 목표로 '한반도 공산화 통일'을
결코 포기하지 않고 있으며, 필요에 따라 무력 통일을 전제로 하
는 '비평화적 방도'를 고수하고 있기 때문이며 ⑥북한이 실제 핵
을 100% 완성한 핵 보유국이 되고 한국이 비핵국인 경우, 북한의

---

63) 북한은 정상적인 남북한 간 경쟁에서 이미 한국에게 패배한 상황에서 뒤집을 수 있는 유일한
　　방법은 한국을 선제공격하여 군사적인 승리를 거두는 길밖에 없다는 계산을 하기도 함(근거
　　문자 인용)

64) 2013. 3. 27 북한인민최고사령부 명의 성명서 "전략 로켓트군과 야전 포병군을 '1호 전투
　　근무태세'로 진입시켰으며, '강력한 핵 선제타격이 포함된 것'"이라고 선언; 2013. 4. 1 최고
　　인민회의에서 채택 「자위적 핵 보유국의 지위를 더욱 공고히 할 데 대한 법」 제5조에서 적
　　대적인 핵 보유국과 야합해 우리 공화국을 반대하는 침략이나 공격행위에 가담하지 않는 한
　　비핵국가들에 대하여 핵무기를 사용하거나 핵무기로 위협하지 않는다."; 북한 외무성(2013.
　　10) "외부로부터 핵 위협이 커진다면 북한은 이에 맞서기 위해 핵 억지력을 강화시키게 할
　　뿐이다" "북한이 핵 억지 정책을 포기하여야만 하는데 북한은 추호도 포기 의향이 없음. 북한
　　의 핵 억지 정책 개념은 단순히 상호파괴의 위협뿐만이 아니고, 선제 핵공격을 준비하고 있
　　는 개념이다. 따라서 북한의 선제공격의 징후가 보이면 선제공격에 대한 선제타격을 감행해
　　야만 한다."(Heinz Gärtner, 제주평화포럼에서 주장) 공화국을 반대하는 침략이나 공격행
　　위 여부에 대한 해석이나 판단은 북한 단독으로 멋대로 하기 때문에 북한 마음대로 핵공격을
　　할 수 있다는 의미.

핵공격 가능성은 더욱 증대되며,[65] 한국의 입장에서는 그러한 재앙을 맞이하기 이전에 선제공격을 함이 국가안보의 정석이다.[66]

　선제공격하기 위해서는 그럴 수 있는 능력을 보유하여야만 한다. 그 구체적인 능력은 ①북한의 핵무기 생산을 위한 시설물들, 핵무기 저장 장소 등에 관한 정확한 정보 보유 능력(위치, 규모, 상태 등) ②설정한 목표물들을 격파, 불능화(不能化) 시킬 수 있는 능력 ③북한의 반격을 무력화(無力化)시킬 수 있는 능력 등이다. 이상의 구체적인 능력들은 우리 고유의 안보 역량[67]과 동맹국 미국의 지원 역량을 함께 고려하면서 보유하여야 할 역량이다. 우리의 외교 역량에 따라 구비 가능성이 있다.

　이 선제공격 방안은 북한의 비핵화를 희망하는 모든 나라를 동원할 필요성이 없다. 그 핵심 주역은 한국이 되어야하고, 미국의 지원을 받으면 된다. 여러 나라의 지지를 필요로 하는 대화·교류협력에 의한 방안보다 간단하고, 개별 국가 차원의 적극적인 노력이 용이하다는 장점을 지녔다.

---

65) 남만권, 『북핵문제와 한반도 안보』, KIDA Press, p. 111.

66) "북한이 핵무기를 보유하고 있다고 하여 반드시 사용한다는 것은 아니다. 핵무기는 절대무기라서 사용하는 것이 쉽지 않고, 어떤 상황에 의해 북한이 핵무기를 사용한다면 한미양국에 의한 대대적인 보복을 받아서 정권의 생존이 위협받을 것이다. 이러한 점으로 인하여 북한도 외부에 대한 공격용이 아니라 자체생존을 보장하기 위하여 핵무기를 개발하였을 가능성이 높다고 평가된다"(함형필, 「북한의 핵전략 구상과 전략적 딜레마 고찰」, 『국방정책연구』제25권 ②호, 2009년 여름, pp. 98-99.)

67) [부록 1] 「선제공격에 의한 북한 비핵화: 과제 및 보완 요소」 참조

미국은 이미 2001년 9·11 테러를 당한 이후 미국에 대한 재앙이 현실화하기 전에 미리 차단하여야 한다는 그들의 군사작전을 선제공격 개념으로 전환했다. 미국의 보수성 싱크탱크 헤리티지 재단 이사장 짐 드민트(De Mint)는 "북한이 핵에 대한 야망을 계속 드러낼 경우 미국 정부는 한국에 '더 공격적인 무기체계'가 배치될 수 있다는 것을 북한은 물론 중국에도 알려야 한다...북한 핵문제를 해결하려면 (6자회담과 같은) 협상도 중요하지만 대안도 있어야만 한다. '더 공격적인 무기체계'란 일단 북핵 시설 파괴를 위한 공격용 탄도미사일이나 스텔스 전투기 배치, 주한 미군 증강을 염두에 둔 발언으로 보인다"고 주장하면서, 선제공격 준비의 필요성을 언급했다.[68]

이러한 미국의 반응은 사실상 북한에 대한 선제공격의 시나리오를 마련해놓고 있음을 추정케 해 주는 내용이다. 2013년 북한의 제3차 핵실험 이후 미국의 일부 전문가들은 북한의 비핵화를 위해 선제공격을 할 수도 있음을 표명하는 분위기가 있었다. 이러한 분위기는 북한 비핵화를 위한 선제공격에 긍정적인 변수로 작용할 수 있다.

성공만 하면 북한 비핵화의 효과를 확실하게 검증할 수 있다는 것이 선제공격의 장점이다. 이스라엘이 선제공격을 통해 이라크

---

68) 2014. 5. 21일자《조선일보》전현석 기자 「북핵문제 협상도 중요하지만 대안도 필요」참조.

및 시리아에 대한 비핵화에 가시적인 효과를 거두면서 큰 성과를 올렸음은 앞서 이야기했다.

북한의 상황을 철저히 분석한 후 일단 선제공격을 하면 '전쟁을 할 수 있는 군사력'이라는 차원에서 북한의 군사력은 많은 문제점이 있는 것으로 분석된다. 한국과 미국의 선제공격에 대해 북한이 되받아치는 보복력 행사 차원에서 문제점을 가진 것이 선제공격의 긍정적인 점으로 평가될 수 있다.

지난 20여 년 동안 북한의 비핵화를 위한 대화와 협상의 실패로 인해 발상을 전환한 실효적인 방안으로서 선제공격이 인정을 받을 수 있다. 안보는 가능성 있는 실효적인 방안들을 모두 모색하여 실천하는 것이 정석이다.

이 방안의 단점은 ①일단 선제공격을 가하는 경우 100% 완벽한 공격이 아니면 역공을 당할 수 있는 가능성이 있고(한국과 미국의 선제공격 징후를 북한이 먼저 감지할 경우 북한이 먼저 선제공격을 가하여 올 위험성)[69] ②성

---

[69] "특히, 북한의 숨겨놓은 핵무기를 완전 타격하지 못하는 경우 북한이 숨겨진 핵무기로 보복할 수 있음. 북한에 선제공격을 가한 후 그 보복을 막는다는 것은 일종의 도박임. 그 이유는 북한은 실용할 수 있는 대량 살상 무기들, 포병, 그리고 특수군 등을 보유하고 있기 때문임. 북한이 보유하고 있는 군사력에 대해 완벽하게 보복할 수 없도록 선제타격을 한다는 것은 대단히 어려운 일 중 하나임. 북한은 한국과 일본으로부터 선제공격을 받는 경우 재래식 무기, 화학무기, 핵무기 등을 사용하면서 보복할 것임. 이러한 보복 공격에 의해 90여일 만에 30~50여만 명이 희생될 것임."(Col David J. Bishop, 「Dismantling North Korea's Nuclear Weapons Program」, Strategic Studies Institute, U.S. Army War College, April 2005 http://www.carlisle.army.mil/ssi/), p. 6

공적인 선제공격을 위해서는 한국군 및 미군의 재배치가 필요한데 그것이 쉬운 일이 아니라는 점[70] ③국제적 협조의 어려움, 특히 미국이 100% 적극적이어야 함. 선제공격에 대해 미국의 지지와 동의를 얻기가 쉽지 않을 것이라는 점[71] 및 중국과 주변국들의 강력한 반대 ④국내 국론 분열 가능성(이적, 친북 세력들은 선제공격에 대해 격렬하게 반대할 것임) ⑤북한의 모든 핵무기들과 핵무기 제조를 위한 시설물의 위치는 공격하기 극히 어려운 곳에 위치하고 있으며, 비밀스럽게 숨겨져 있다는 점[72](이동식 미사일 탑재 시 선제공격의 어려움) ⑥전면전 가능성 ⑦성공적인 선제공격을 위해서는 필요한 첨단 병기들을 완벽하게 구비해 놓아야만 하는데, 그것이 쉬운 일이 아니라는 점 ⑧선제공격 후 핵 분진(粉塵)의 공기 오염이 심각할 수 있다는 점 ⑨선제공격에 필요한 미국 및 한국의 정보력 부족 등을 이야기할 수 있다.

이 방안이 성공하기 위해서는 ①정교하고 완벽한 킬 체인 시스템(Kill Chain System)을 구비하고 ②한국형 탄도미사일 방어체계(KMD)

---

70) 성공적인 선제공격을 위해서 한국의 경우 미국의 '확장 억지력(extended deterrence)'이 필수적인데, 이것의 지원은 한국이 요구하는 대로 지원되지 않을 가능성이 있음(James M. Acton, *Deterrence During Disarmament: Deep Nuclear Reductions and International Security*, London: IISS, 2011, p. 40~41)

71) 오바마 대통령은 미국과 러시아의 핵무기를 1/3 수준으로 감축하자고 할 만큼 '핵 없는 세상'을 구현하기 위하여 노력하고 있고, 중국과 러시아를 비롯한 세계 여론의 반발이 있을 수 있다는 점에서 한국에 미국의 핵무기 배치가 쉬운 일이 아닐 것임.

를 강화하여야 하며 ③적시성(適時性)을 상실치 말고 긴밀한 한미 공조 하에 이행되어야만 한다. 특히, 미국의 적극적인 공조가 없으면 이행할 수 없는 방안이다. 미국이 정치적 차원에서 선제타격에 동의하지 않는 경우 이 방안은 무용지물이 될 것이다.(참조: 부록1)

4. 비밀작전

비핵화를 비밀작전을 통해 달성하는 방안이다. 비밀작전의 유형들은 탈취(interception), 태업(sabotage), 폭로(expose), 선제공격(preemption) 등이 있다. 핵개발 프로그램을 지연시키거나 핵무기 제조시설을

---

72) "영변에 있는 the plutonium reprocessing facilities는 지상에 위치하고 있지만 다른 것들은 모두 지하에 숨겨져 있다. 특히, 고농축 우라늄(a highly enriched uranium: HEU) 프로그램을 추진하는 사이트 및 그 제조 시설은 더욱 비밀스럽게 되어있다. 미국이 보유하고 있는 기술로도 파악하기 사실상 어렵다"(Fred McGoldrik, "The North Korean Uranium Enrichment Program: A Freeze and Beyond," in working paper. Verifying North Korean Nuclear Disarmament: A Technical Analysis, No. 38, June 2003, by The Carnegie Endowment for International Peace and Nautilus Institute, Washington, DC: Carnegie Endowment and Berkeley, CA, June 2003, pp. 26-27.); 특히, 이미 북한이 제조가 완성된 몇 개의 핵무기들을 보유하고 있는 경우 그것을 지하 어느 곳에 깊게 숨겨놓은 경우 찾기는 정말 어려움. 북한은 다양한 미사일을 탑재하여 이동시킬 수 있는 차량(TEL: Transporter Erector Launcher)을 20여대 이상 보유한 것으로 분석되고 있으며, 이들은 수시로 이동할 수 있기 때문에 핵을 탑재한 미사일 위치를 정확하게 파악하고 타격한다는 것은 대단히 어려운 일임(Department of Defense, *Military and Security Developments Involving the Democratic People's Republic of Korea*. Washington D.C.: DoD, 2013, p. 15.)

완전 파괴하여 비핵화를 달성한다. 오늘날 발달된 첨단 과학기술을 최대로 활용할 경우 무궁무진한 비밀작전들이 있을 수 있다.[73] 비밀작전이 성공하기 위해서는 치밀하고 정확한 세부사항들을 파악할 수 있는 정확한 정보가 필수요소다.

이 방안의 장점은 ①한국이 첨단과학 기술을 보유하고 있으며 ②세계 최첨단 과학기술을 구비한 미국이 동맹국이고 ③비밀작전에 중요한 역할을 담당할 수도 있는 3만 명 가까운 탈북자가 있으며 ④중국이 전략적 파트너로서 협력할 가능성 등을 이야기할 수 있다.

한국은 전자분야를 포함한 최첨단 과학기술을 보유하고 있다. 한국이 보유한 첨단기술들을 북한의 핵개발 각 과정을 면밀하게 검토하면서 최대한 사보타주 효과를 달성키 위해 활용할 경우, 큰 성과를 기대할 수 있다. 뿐만 아니라 한국은 세계 최첨단 과학

---

73) 비밀작전의 방안들로서는 ①장비를 불능화시키는 방안 ②핵무기 제조에 필요한 원료와 물질의 이동 경로, 보관 장소 등을 파악하여 파괴, 차단시키는 방안 ③스턱스넷 바이러스(worm-STUXNET)를 심어서 프로그램을 망치게 하는 방법(〈예〉2000년 미국 부시 대통령이 취임하면서 이란 핵 시설에 대한 방해공작을 이스라엘과 함께 이행. 이름을 '올림픽작전'으로 명명한 후 스턱스넷 바이러스를 이란 우라늄 농축 시설에 심어 그 기능을 20% 정도로 떨어뜨리는데 성공; 2014. 2. 한국 연합뉴스: "한국정부가 바이러스 프로그램을 통해 북한의 핵시설 공격 가능성이 있음" 보도) ④핵심 인력을 위협해서 위축시키거나 제거하는 방안(〈예〉2012. 9. 이란에서 가장 고위급 에너지 관리인 페르돈 아바시(Fereydoon Abbasi)가 우라늄 농축 시설과 관련한 공격에 의해 폭사됨. 이란에서 핵 과학자들이 계속해서 원인 모르게 살해되었음.(〈예〉1980년대 이스라엘은 프랑스에 있는 이집트 핵 개발자들을 제거하는 작전을 펴기도 했음.)

기술을 가진 미국이 동맹국이다. 북한 비핵화를 위해 이러한 최첨단 과학기술들을 한국과 미국이 협력하여 최대한 동원할 경우, 큰 성과를 기대할 수 있다.

한국이 북한 비핵화를 위해 비밀작전을 추진할 경우, 2만 8천여 명의 한국 내 거주 탈북자들이 큰 자산이다. 더구나 이들 탈북자들 가운데 북한군 출신이 무려 2천여 명에 이른다. 이들은 비밀작전을 수행할 수 있는 큰 자산이다. 한국과 중국이 진정한 전략적 파트너로 심화된 관계를 유지할 경우, 중국이 극비작전을 위해 협조할 수도 있다. 한국의 외교 역량에 달려있다. 이 방안의 단점은 ①북한사회가 세계에서 가장 폐쇄된 불투명한 사회여서 정확한 정보 획득이 대단히 어렵다는 점 ②나라 전체가 동물농장처럼 감시·감독되는 사회이므로 비밀공작 성공이 아주 어렵다는 점 등을 들 수 있다.

극비작전 성공의 제1 요소는 극비작전과 관련된 모든 정보를 정확하게 수집, 분석하는 일이다. 그러나 북한사회는 워낙 폐쇄적인 사회이고, 흘러나오는 각종 정보들은 북한 당국이 조작, 왜곡시킨 내용이 대부분이기 때문에 극비작전과 관련된 정확한 정보수집 및 분석이 사실상 어려운 것이 단점이다.

또한 북한은 나라 전체가 마치 동물농장과 같이 관리되면서 주민들을 감시·감독하고 있어서 극비작전과 관련된 정보를 획득하기도 어렵고, 획득한 정보에 입각하여 마련한 작전을 실제 이행하기도 대단히 어려운 것이 사실이다. 철통같은 감시·감독 하에 있는 북한사회를 상대로 외부에서 극비공작을 편다는 것은 쉬운 일이 아니다. 극비공작은 실패할 경우 그 파문이 상당한 것이 또 하나의 문제점이다.

이 방안이 성공하기 위해서는 국가 최고 통수권자의 과감하고 강력한 신념, 군 지휘관들의 애국심이 동원된 지혜로운 전략과 전술, 국제적인 역량을 동원할 수 있는 능숙한 외교력 등이 함께 조화를 이루면서 추진되어야만 한다.

5. 북한정권의 질적 변화

이것은 북한정권의 속성을 변화시켜 비핵화를 달성하는 방안이다. 선군정치를 고수하고 있는 북한정권이 질적인 변화를 하여 스스로 비핵화를 결정하고, 그 결정된 사항들을 이행하는 방안을 이야기한다. 여기서 질적 변화란 다음과 같은 두 가지 기준에서 변화하여야만 진정한 것이라고 할 수 있다.

첫 번째 변화로서는 북한이 국가 경영 철학으로 삼는 '선군정치'와 '병진노선'을 포기하여야 하며, 두 번째는 그들의 궁극적 대남정책 목표인 '한반도 공산화 통일' 목표를 포기하여야만 한다는 기준이다.

이 방안의 장점은 ①남북한이 아무런 피해 없이 북한 비핵화를 달성할 수 있는 자연스러운 방안이며 ②북한정권의 질적 변화는 다른 부수적인 이익 동반과 함께 남북 관계 합리화, 한반도 평화 유지, 한반도 통일 등으로 이어질 수 있다는 점 등이다.

북한정권이 질적 변화를 통해 선군정치나 병진노선을 포기하면 자연스럽게 핵무기가 필요 없어진다. 또한 북한에 대한 외부적인 압박 등 무리한 조치들도 필요 없게 된다. 이것은 남북한 모두에 이익이다.

북한정권은 비합리적인 국가 경영 철학과 대남정책을 궁극적 목표로 삼아 고집스럽게 포기하지 않음으로 인해 정상적인 국가발전을 이룩하지 못하고 있는 셈이다. 이를 포기함으로서 합리적인 국가발전, 합리적인 남북한 관계 발전, 한반도 평화유지, 통일 등을 이룩함으로서 큰 민족적인 이득을 얻을 수 있다.

질적 변화 중에는 북한정권의 붕괴 혹은 제거도 포함된다. 질적인 변화 가운데 최상의 변화는 현재의 북한정권이 붕괴되고 없어지면서 한반도가 통일되는 경우다. 그러나 이것은 쉽게 이루어질 수 있는 경우가 아니다.

이스라엘의 안보 전문가 인바(Efraim Inbar) 베긴사다트 전략문제 연구소(BESA Center) 소장은 "북핵문제를 해결하는 방안 중 하나는 핵무기를 집요하게 보유하려는 북한정권을 교체하거나 붕괴시켜서 없애버리는 일이다. 이를 위해서 북한정권을 도와주지 말고 더욱 몰아붙여야 한다. 탈북자들 중 약 2천여 명이 군인 출신이고 약 800여명이 여성인데, 이들로 구성된 특공대를 만들어 북한정권 붕괴를 적극적으로 획책하는 것이 북핵 문제 해결을 위해 발상을 전환한 아이디어일 수도 있다"고 주장했다.[74]

이 방안의 단점은 ①김일성으로부터 김정은에게까지 이어지고 있는 북한 체제 속성이 변한다는 것이 대단히 어렵다는 점이며 ② 북한은 통치철학 포기를 정권 붕괴로 해석하고 있기 때문에 그 포기가 대단히 어렵다는 점 ③북한의 권력 엘리트 및 인민들이 정상국가에 대한 이해와 개념이 없어서 질적인 변화를 기대하기 어렵다는 점 ④북한사회가 너무 폐쇄적이고, 지난 역사 속에서 너무 많은 악행들을 저질러 와 자체적으로 질적인 변화를 이루기가 사실상 불가능하다는 점 등을 이야기할 수 있다. 이러한 점들이 복합적으로 작용하여 세계가 어떤 요구를 하든 상관치 않고 핵무기 개발 및 대량 살상무기 개발에 박차를 가하고 있는 것이다.[75]

---

74) 한국국가정보학회, 「이스라엘 국가안보정책」(해외 출장 보고서, 비발간, 2011. 6. 20), p. 21.)

75) 《조선일보》(2014. 2. 8일자는 「북, 동창리 발사대 곧 확장 완공. 3~4월 중 추가 발사 가능성」 제목 하에 "미국의 북한 전문 사이트 '38노스(North)'는 2014. 2. 6일 최근 촬영한 상업용 위성사진을 분석한 결과 북한 평안북도 철산리 서해발사대 확장공사가 완공을 앞두고 있는 것으로 파악됐다… 2012년 12월 발사됐던 '은하3호'보다 훨씬 큰 최장 50m의 로켓이 발사될 수 있다"고 설명했다. 발사대 높이가 종전 47m였지만 확장공사를 통해 52m로 높아졌기 때문에 50m의 로켓발사가 가능하다는 얘기다. 북한의 신형 로켓은 장거리 미사일로 전환될 경우 사거리 1만km이상으로 미국 본토에 도달할 수 있으며, 500kg이상 탄두를 가진 본격적인 대륙간 탄도미사일이 될 수 있을 것으로 추정된다면서 북한의 핵개발 불포기 양상을 보도하였음.

북한정권의 변화를 통한 비핵화는 성공만 하면 아무런 희생이나 비용 소모 없이 적용할 수 있는 가장 이상적인 방안이다. 그러나 역대 북한정권은 질적 변화 자체를 사실상의 '멸망'으로 인식하는지라 이 방안의 실현 가능성은 극히 낮다.

6. 남북한 통일에 의한 방안

남북한이 통일되면 북한의 비핵화 문제는 자동 달성될 수 있다. 통일이 되면 설사 북한의 핵무기가 완성된 것일지라도 큰 민족적 재앙이 될 가능성이 낮아진다. 통일은 남북의 갈등, 분쟁, 전쟁 등의 소멸을 의미하며, 북한의 핵무기 및 핵개발 프로그램은 통일된 한반도 자체의 관리 문제로 전환된다. 북한의 핵무기가 이미 완성된 경우에는 그 핵무기는 통일된 한국이 보유해야 하는 핵무기가 된다.

그러나 북한의 핵무기가 미완성품인 경우에는 북한 핵 프로그램은 개발을 완성시켜 주변국들과 핵 균형을 유지하거나, 혹은 완전 폐기하여 비핵국이 될 수도 있다. 어느 경우든 현재 북한이 가진 엄청난 민족적 재앙 요소가 통일과 함께 소멸되는 것이 사실이다.

이 방안의 장점은 ①통일과 함께 북한의 비핵화 문제가 평화롭게 자동 해결될 수 있으며 ②통일될 경우 북한이 완성시킨 핵 혹은 거의 완성 단계에 있는 핵이 주변국의 보유 핵과 균형을 이룰 수 있고 ③통일 노력이 비핵화 노력보다 더 용이할 수도 있다는 점 등을 지적할 수 있다.

이 방안의 단점은 ①통일이 단기간 내에 이루어진다는 보장이 없는 대신 북한의 핵무기 완성은 그럴 가능성이 높아 비핵화를 실기(失機)할 우려가 크고 ②통일 과정 및 통일 후 반(反) 통일세력들이 완성된 핵무기 혹은 핵시설들을 탈취할 가능성이 있다는 점 등이다.

통일과 함께 북핵문제를 해결함은 우리 민족이 이중적인 복을 받는 축복이라고 이야기할 수 있다. 문제는 통일이 언제 이루어질지 모르며, 통일을 기다리는 동안 북한은 핵 보유국이 되므로 실효성 있는 합리적인 방안이 되지 못한다고 하겠다.

7. 북한 체제 몸통 흔들기

체제의 불안정성이 높아지면 북한은 핵무기 개발에 몰두할 수 없게 된다. 개인도 신변상 위협이 증대되면 우선 신변 보호에 몰두하는 것이 최우선이고, 다른 일은 차선이 될 수밖에 없다. 북한 체제의 몸통을 흔드는 한 가지 대표적인 예는, 북한 체제가 지닌 가장 큰 취약점인 인권문제를 집요하게 거론하여 비판하고 공격하는 일이다.

유엔을 중심으로 지속적으로 북한 인권 실상을 알리면서 강력한 제재 조치에 동참해줄 것을 호소하고, 특히 해외 파견 북한 근로자들의 인권 착취를 적나라하게 드러내 압박하는 것도 북한 체제의 몸통을 흔드는 한 예다.[76]

북한의 비핵화를 위해 체제 존속에 위협을 가하는 것은 실효적인 핵무기 개발 지연 또는 포기 효과를 가져 올 수 있다. 북한이 기어코 핵을 포기하지 않을 경우, 정권을 붕괴시킬지 모른다는 위협이 비핵화라는 실효적인 목표를 달성할 수 있는 것이다. 늘 대화나 협상을 통해 비핵화를 시도하는 경우, 불량국가인 북한정권은 미동조차 하지 않았던 것이 지금까지의 경험이다. 불량배나 조폭은 자기 몸통이 공격받는 것을 제일 두려워한다.[77]

이 방안의 장점은 ①비(非)대칭적 우위에 있는 한국의 대북 심리전 역량으로 북한 체제 몸통 흔들기를 할 수 있다는 점 ②2만8천

---

76) 문성묵, 「한미 연합 방위력 바탕 북핵-미사일 완전 무력화시켜야: 대북 심리전·경제압박·인권제기도 부수적 방안」, 『자유마당』(2016. 2월호 vol. 79), p. 29.

77) 예를 들면, 북한의 핵개발을 지연시키는 방안으로서 핵개발에 결정적으로 기여하고 있는 과학자들을 계속 추적하여 개발업무에 몰두치 못하게 한다든가, 결정적인 핵개발 원료 생산 공장을 파괴시킨다든가, 북한의 핵개발을 돕는 외국 과학자들을 차단한다든가, 핵개발을 정치철학으로 고수하는 정치요인들을 제거하는 등의 조치들은 북한 핵개발 체제의 몸통을 흔드는 일임.

여 명의 탈북자들이 북한 몸통 흔들기에 적극적으로 참여할 수 있다는 점 ③한국군은 북한 체제 몸통 흔들기를 할 수 있는 충분한 역량이 있다는 점 ④한미 연합 방위 체제는 북한 체제 몸통 흔들기에 필요한 역량을 갖추고 있다는 점 등이다.

한국의 대북 심리전 능력은 북한과 비교할 때 비대칭 우위를 점하고 있다. 남북한 간 삶의 질 격차와 북한인들의 비참한 삶의 현장, 한국의 풍부한 전기 및 IT산업의 우월성, 북한의 우상 숭배를 위한 수많은 역사왜곡, 철저한 폐쇄사회 속에 수많은 거짓과 사실 왜곡 등을 있는 그대로 북한 주민들에게 정확하게 알려주는 일은 북한정권 입장에서는 핵폭탄 공격보다 더 두려운 체제 흔들기다.

한국에는 비대칭적 우위인 대북 심리전 역량을 본격적으로 활용할 수 있는 장점이 있다. 한국의 대북 심리전은 무엇보다도 북한 체제에 균열을 가하고, 그 균열이 결정적인 붕괴로 이어질 수 있도록 하는 중요한 의미를 지닌다.

따라서 북한은 한국의 대북 심리전 중단을 위해 때로는 협박하고, 때로는 협상을 통해 중단을 위해 안간힘을 쓴다. 이처럼 한국의 대북 심리전 추진은 결정적으로 북한의 몸통을 흔드는 일이다. 북한이 얼마나 대북 심리전을 두려워하느냐 하는 것은, 2015년 8월15일 북한이 발표한 「확성기 방송 중단 안 하면 무차별 타격」 제하의 대남 성명을 통해도 짐작할 수 있다.

한국사회에서 생활하는 탈북자들은 북한 체제의 몸통을 흔들 수 있는 상당한 저력들을 갖고 있다. 그들은 상당 기간 북한에서 생활하고 각 분야에서 각종 경험들을 쌓은 사람들인지라 북한 체제에 대한 공격 포인터, 공격방법 등에 관한 다양한 아이디어들을 갖고 있다.

그들은 대북 심리전이 가진 위력을 절감하고 있으므로 대북 전단 날리기에 몰두하는 것이다. 탈북자들은 북한에 남아있는 가족들의 해방을 위해 북한 체제를 흔드는데 보다 강한 신념과 보다 적극적인 행동력을 보여준다. 이들은 한국의 자산이요, 한국이 보유한 비대칭 안보 역량이다.

한국군이 공군력, 미사일 전력, 특수부대 전력 등을 이용하여 북한이 비핵화하지 않으면 북한 수뇌부를 공격하는 치밀한 계획을 세우고, 북한에 일부 정보를 슬슬 흘리면서 위협할 경우, 이것은 몸통 흔들기에 큰 의미를 갖게 된다. 그리고 한국군은 필요한 경우에는 은밀하게 실제 몸통을 흔들 역량을 구비하고 있다는 사실이 큰 장점이다.

한미 연합 방위 체제가 보유하고 있는 첨단병기와 정확한 정보 수집 능력을 이용하여 북한 체제의 몸통 공격과 관련된 전략·전술들을 계속 개발하고, 결정적 순간에 실제로 공격을 가할 작전계획을 확보할 수 있다. 이러한 작전계획을 북한이 감지할 때, 그것은 북한으로 하여금 엄청난 심리적인 압박을 느끼는 행위가 될 수 있다. 이런 점들 역시 한국이 북한의 몸통 흔들기를 할 수 있는 장점이다.

이 방안의 단점은 ①한국정부 지도자의 강한 신념과 확고한 실천력이 없으면 불가능하다는 점 ②북한 몸통 흔들기가 이행될 시 남북대화나 화해, 교류 협력은 사실상 어렵게 된다는 점 ③북한의 반발 혹은 보복으로 국지전(局地戰)이 벌어질 가능성 등을 꼽을 수 있다.

북한의 몸통 흔들기는 최고 통수권자의 강한 신념과 실제 행동력을 필요로 한다. 이적성 문화가 한국사회 곳곳에 침습해 있는 현실적 여건은, 최고 통수권자를 비롯한 군인들까지 강한 신념과 행동력이라는 차원에서 보자면 미흡함이 많다.

이러한 현상은 북한의 몸통 흔들기에 장애 요소가 될 수 있으며 단점이다. 몸통을 실제로 흔들게 되면 북한은 온갖 선전 공세 혹은 대응 보복을 하면서 남북관계를 경색시킬 가능성이 높다. 경우에 따라서는 국지전이 발생할 수 있다. 이런 것들이 이 방안의 단점에 속한다.

이상에서 북한의 비핵화를 위한 여러 가지 방안들을 분석하여 보았다. 결론적으로 ①비(非)실효적인 방안에 너무 많은 시간을 소모해 왔으며 ②북한이 사생결단 포기하지 않는 핵개발에 대해 이를 무산시키는 대응책이 없었다는 점 ③문제가 많았던 한국정부의 대북정책(미국 정부가 알아서 해주겠지 하는 지나친 미국 의존성)과 북한에 대한 인식부족("북한은 우리의 적이 아닌 형제 동포이기에 지원만 해주면 핵 개발은 자동 포기할 것이다." "북한은 우리의 적이 아니므로 핵개발 여부는 우리에게 큰 위협이 되지 않는다"고 주장하면서 대화와 교류 협력에만 몰입하거나, "북핵 문제를 거론하면 남북 대화 파탄난다"는 인식 보유) 등으로 인해 북한 비핵화는 사실상 실패로 귀착되었다.

결론적으로 이야기하면 현 시점에서 진정한 북한의 비핵화를 달성하려면 한국정부의 "사생결단 비핵화를 달성하겠다!"는 강한 신념과 실천력이 가장 필수적인 요소다. 그리고 대화·협상과 외교정책 차원에서 벗어나 발상을 대전환하여, 북한을 실제로 비핵화시키는 방안을 선택하고 실천에 옮겨야만 한다.

제5장

—

이것이
생사존망(生死存亡)이
걸린 5단계 대책이다!

영국의 국방정책 수립 분야에 오랫동안 근무한 방위 전문 철학자(The philosopher of defense)로서 1970년대부터 2000년대 초반까지 활약한 마이클 퀸란(Michael Quinlan)은 "핵무기로 무장한 적대국들끼리는 상대방에 대한 취약한 점을 모색한다든가 상대방을 괴멸하려는 시도를 하지 않는다"고 주장하였다.[78]

비핵화 작업이 실패하고 사실상 북한이 핵 보유국이 되는 경우 한국은 국가 생존 차원에서 어떻게 해야만 하는가? 미국의 물리학자이면서 북한 핵 전문가인 올브라이트(David Albright) 박사는

---

78) Tanya Ogilvie-White, *On Nuclear Deterrence: The Correspondence of Sir Michael Quinlan,* IISS, 2011, p. 69.

2015년 1월 현재 북한은 10~16개 핵무기를 보유하고 있고, 2020년에는 최대 100개까지 증대시킬 수 있을 것으로 전망한 바 있다.[79] 북한은 핵 보유국이 되고 한국은 비핵국이 되는 경우, 국가안보 차원에서 그 심각함은 설명하기조차 어려운 것이 사실이다.

한마디로 한국은 백기를 들고 북한의 인질이 되고 만다. 절대로 이러한 상황이 되어서는 안 된다. 북한이 보유하고 있는 핵무기를 결코 우리에게 사용할 수 없도록 하는 조치를 취하여야만 한다. 한국에 대한 핵무기 사용은 북한 자체의 멸망을 의미한다는 소위 '공포의 균형(Balance of Terror)' 개념을 북한에 주지시키는 방안밖에 다른 대안이 없다.

이스라엘의 텔아비브대학교 국가안보연구소 핵전문가 마크 헬러(Mark Heller) 박사는 "적(敵)은 설득해야 하는 상대가 아니라 겁을 주어야만 하는 상대다. 한국은 북한이 핵을 사용하면 북한에 커다란 피해를 주는 반격이 반드시 가해질 것이라는 확실한 신뢰를 주어야만 한다"고 주장하면서, 생존을 위한 공포의 균형을 강조하였다.[80] 국가안보는 여하한 경우에도 절대로 포기가 있을 수 없다. 단 1%의 가능성을 보고도 지극 정성 힘을 쏟으면서 불굴의 정

---

79) David Albright, "Future Directions in the DPRK's Nuclear Weapons Program: Three Scenarios for 2020," North Korea's Nuclear Futures Series (U.S.-Korea Institute at SAIS, 2015), pp. 19-20.

80) 2011년 3월 21일 필자가 이스라엘을 방문하여 Mark Heller박사와 면담 시 주장

신으로 부여잡고 노력해야만 하는 것이 국가안보다.

북한이 보유 핵무기를 절대로 한국에 사용할 수 없도록 하는 실효성 있는 5단계 대책은 다음과 같다. ①제1단계: 한반도 비핵화 공동선언 폐기 → ②제2단계: 미국의 전술 핵무기들 한반도 환원 재배치 → ③제3단계: 국제적인 핵무기 대여 → ④제4단계: 국제적 핵무기 구매 → ⑤제5단계: 한국 자체적인 핵개발 등의 단계를 통해 생존 대책을 모색하여야만 한다.

제1단계_「한반도 비핵화에 관한 공동선언」(1991년) 무효화 일방적 선언

[개요] 핵 보유국인 북한에 공포감을 주어 핵을 사용하지 못하게 하기 위해서는 한국도 북한 핵에 상응하는, 혹은 그 이상의 차단 역량(deterrence power)이나 보복 역량(retaliation power)을 보유하는 것 외에 다른 방안이 있을 수 없다. 그러기 위해서 제일 먼저 해야 할 일은 이를 가로막고 있는 족쇄를 풀어서 폐기 처분해야만 한다. 그 족쇄가 1991년 남북한이 공동 선언한 「한반도 비핵화에 관한 공동선언」(발효 1992. 2. 19)이다. [부록 2 참조]

[긍정적인 점] 한국이 비핵화 공동선언 무효화를 일방적으로 선언할 경우 긍정적인 점은 ①한국의 핵 보유 및 핵 개발 족쇄 해

체와 미국의 전술 핵무기들 한반도 환원 재배치 ②북한의 핵 보유에 대한 자위권 조치 ③북한 핵 개발에 소극적인 중국 압박, ④핵 재처리 시설과 우라늄 농축시설 등 평화적 핵 주권 확대 가능 등을 이야기할 수 있다.

1991년 12월 13일 남북한이 합의하여 공동선언하고, 이듬해 2월 19일 발효된 「한반도 비핵화에 관한 공동선언」은 북한이 철저히 한국과 미국에 사술(詐術)을 부린 일종의 사기문서다. 공동선언 제1항은 "남과 북은 핵무기를 시험, 제조, 생산, 접수, 보유, 저장, 배비, 사용을 하지 아니 한다"고 규정했다. 이에 따라 지난 25년의 세월 속에 한국과 미국은 착하고 정직하게 규정된 내용 그대로 실천에 옮기고 있다.

그렇지만 북한은 공동선언을 합의하는 순간이나 공동선언을 한 이후에도 이를 실천하지 않고 철저히 사기를 쳤다. 그 결과 북한은 핵 보유국이 되어 있고, 한국은 여전히 비핵국이다. 북한은 공동선언 이후에도 계속해서 핵무기를 실험하였고, 제조·생산하였으며, 핵무기를 보유하고 있다. 게다가 핵무기를 전선(戰線)에 배치하여 사용하려 든다.

한국과 미국은 한반도에 배치하여 놓았던 전술 핵무기도 모조리 철수시켰다. 핵실험을 하지도 않았고, 제조하거나 생산하지도 않았고, 보유는 물론 전선에 배치한 적도 없다. 결국 지난 25년 동안 북한은 단 한 번도 비핵화를 위한 족쇄를 차지 않았건만 한국은 혼자서 바보처럼 그 족쇄를 차고 있는 꼴이다. 북한이 핵무기를 완성한 이 순간까지도 그런 상황에는 아무런 변함이 없다.

국가안보는 선(善)하고 선한 공자·맹자를 선발하는 게임이 아니다. 이에는 이, 눈에는 눈으로 되받아쳐야만 하는 힘의 게임이다. 북한의 사술이자 한국의 생존을 위협하는 공포의 균형을 가로막고 있는 족쇄를 하루 속히 벗어던져야만 한다. 어리석은 안보정책이 더 이상 계속되어서는 안 된다.

미국은 '핵 없는 세상'을 강조하면서 더 이상 이 어리석은 족쇄를 한국 혼자 차고 있도록 강요해서는 안 된다. 한국 역시 스스로의 생존과 직결되는 심각한 문제를 눈앞에 두고 미국의 눈치를 보면서 더 이상 족쇄를 차고 있어서는 안 된다. 미국의 '핵 없는 세상' 주장은 '한국 생존'이라는 개념에 비한다면 한국 국민들에게 하위 개념이다. 한국 혼자 결박하고 있는 족쇄는 조속이 폐기되어야만 한다.

한반도 비핵화 공동선언의 무효화는 북한의 핵보유에 대한 정당방위, 혹은 자위권 확보 차원에서 취하는 조치다. 북한이 비핵화 공동선언에 명기된 내용들을 제대로 지키고 핵무기를 개발하지 않았더라면, 한국이 굳이 공동선언 폐기를 주장할 이유가 없다.

북한은 그동안 공동선언에 반하여 핵개발을 부단히 추구하였고, 이제 핵 보유국이 되었다. 뒤늦은 감은 있지만 우리도 그대로 앉아서 멸망을 맞는 것보다 정당방위 개념에서 핵을 보유하여야만 한다. 그러기 위해서는 한반도 비핵화 공동선언을 폐기하는 게 마땅하다.

그렇게 하는 것은 중국에 대한 일종의 압박행위이기도 하다. 북한의 비핵화에 무성의하고 소극적인 태도로 일관하여, 종국적으로 북한 핵보유에 결정적 기여를 한 중국에 대한 책임 추궁과 같다. 북한이 비핵화 되지 않으면 결국 한국이 핵무장을 하게 되고, 일본도 핵무장을 하며, 대만 또한 마찬가지일 것이라고 그동안 숱한 전문가들이 주장해 왔다. 이러한 주장들을 무시한 중국에 대한 일종의 책임추궁인 셈이다.

더구나 이 무효화 선언은 한국이 핵 재처리 시설 및 우라늄 농축시설 등을 평화적으로 이용하는 게 가능하다는 사실을 뜻한다. 이제까지 한반도 비핵화 공동선언은 이러한 평화적인 핵 재처리 시설 가동을 금지시키고 있었다. 이러한 제한된 조치들이 해제됨을 의미한다.

[부정적인 점] 비핵화 공동선언 무효화를 선언할 경우의 부정적인 점들은 ①미국 및 국제사회의 핵 비확산 정책과 갈등[81] ②중국의 심각한 반대 ③동북아 핵 도미노 및 군비경쟁 가속화 ④국론 분열 ⑤북한에 대한 비핵화 요구 명분 감소 등이다.

---

81) 전 주한 미국대사 성 김: "한국 핵무장 실행한다면 큰 실수"(2013. 2. 21 연합뉴스)

비핵화 공동선언 폐기를 가장 반대할 나라는 미국이다. 미국의 오바마 행정부는 '핵 없는 세상'을 강조하면서 강력히 반대할 가능성이 높다. 그러나 한국은 "생존권이 보장되지 않는 한반도 비핵화에 대한 정당방위 개념으로 취하는 조치"임을 끈질기게 설득하여야 한다.

오바마 대통령의 '핵 없는 세상' 주장은 세계 평화 개념에서 최고의 평가를 받을 수 있겠지만, 우리가 북한의 핵에 의해 사느냐 죽느냐 하는 '한국 생존 여부'의 가치와 비교하자면 하위의 개념이다.

언제까지 오바마와 같은 대통령이 미국을 이끈다는 보장도 없다. 지금 미국의 공화당 대통령 후보자 트럼프(Donald John Trump)는 이렇게 주장했다.

> "북한이 한국이나 일본과 전쟁을 하더라도 미국은 개입하지 않겠다.
>
> 만약 북한이 한국이나 일본과 전쟁을 일으킨다면 끔찍한 일이 될 것이다. 하지만 그들이 전쟁을 하겠다면 그들이 하는 것이다.
>
> 행운을 빈다. 좋은 시간 되시길!(Good luck. Enjoy yourself, folks) 일본은 (북한의 위협에 대비해) 스스로 무장할 수 있다. 그들(일본과 한국)이 (미국보다) 빠른 속도로 북한을 완전히 파괴할 수 있을 것이다.
>
> 미국이 세계의 경찰 역할을 할 수 없다."
>
> (2016년 4월 2일 미국 위스콘신 로스차일드 유세 발언)[82]

오바마 대통령의 '핵 없는 세상'이라는 정책을 한국이 충실히 협조하면서 따르다가 트럼프처럼 "한국이 전쟁을 하든 안 하든 미국이 상관할 바 아니다. 핵무기를 만들든 만들지 않든 미국이 상관할 바 아니다"는 주장을 하는 사람이 대통령이 되고 미국의 한반도 정책이 그렇게 변화할 경우, 한국의 입장은 정말 황당하지 않을 수 없다.

미국의 한반도 정책에 부응한다고 하다가 허허벌판에 혼자 내팽개쳐지는 신세가 될 수밖에 없는 모양새가 된다. 이미 떠나간 오바마 대통령을 붙들고 원망을 할 수도 없고, 누구에게 책임을 물을 수도 없다. 아무리 동맹국일지라고 그 관계는 항상 변할 수 있다는 것을 전제로 하고 자국의 안보정책을 수립하고 추구해야만 한다.

이 세상에서 가장 확실하게 믿을 수 있는 것은 오직 자기 자신과 조국뿐임을 명심하고, 우리의 존망(存亡)을 미국에 맡겨놓고 세월을 보내서는 안 된다. 한반도 비핵화 공동선언 폐기를 미국이 반대한다고 하여 혼자 족쇄를 차고 있어서는 안 된다. 훌훌히 벗어 던지고 독자적인 생존 대책을 마련하여야 할 것이다.

공동선언 폐기에 대해 중국이 반대할 것임은 불문가지의 상황

---

82) "트럼프 "한국서 전쟁 나도 그들의 문제"(《The Dong-A Ilbo》 2016. 4. 4일자 참조. www. english.dong.com)

이다. 그러나 중국은 북한과 특수 관계를 보유하고 있기 때문에 동맹국 미국의 주장과는 차원이 다르다. 중국은 북한과 특수 관계를 유지하면서 북한의 비핵화를 위해 소극적인 노력을 한 결과로 북한이 핵 보유국이 되었다고도 볼 수 있다. 따라서 북한이 핵 보유국이 된 것에는 중국에도 상당한 책임이 있다. 따라서 한국이 자위권 차원에서 한반도 비핵화 공동선언을 폐기하는 것에 대해 중국은 비판할 자격이 없다.

한국이 한반도 비핵화 공동선언을 폐기하고 핵 보유국이 되려고 노력하면, 동북아의 핵 도미노 현상과 핵 군비경쟁이 가속화될 가능성이 높다. 지역의 평화와 안정이라는 차원에서는 바람직하지 못한 현상이다. 그러나 한국이 지역 평화와 안정만을 생각하면서 홀로 비핵국으로 남아서 주변국으로부터 수시로 위협받고 협박에 시달릴 수만은 없다. 동북아 전체 국가들이 다 비핵국이 되든가, 아니면 다 핵 보유국이 되든가 하는 상황을 한국이 요구하는 것은 당연한 이치다.

비핵화 공동선언 폐기와 관련하여 한국의 국내 여론은 찬반으로 분열될 것이다. 한국사회에 존속하고 있는 친북세력, 반미세력, 그리고 각종 이적성 세력들은 반드시 한반도 비핵화 공동선언 폐기에 반대를 하고 나설 것이다.

그런데 이들 이적성 세력들이 한국의 안보적인 정책 결정에 끼어들게 해서는 안 된다. 어느 나라든 그 나라에 해를 끼치는 이적성 견해를 그 나라 안보정책에 반영하는 나라는 없다. 한국사회에 존속하고 있는 이적성 세력들의 견해를 안보정책에 반영해서는 결코 안 된다.

한반도 비핵화 공동선언 폐기가 북한에 대해 비핵화를 주장할 수 있는 명분을 감소시키는 것은 사실이다. 하지만 지난 23년 동안 북한의 비핵화를 주장하였으나 이미 북한은 핵 보유국이 되었다. 이미 핵 보유국이 된 북한을 보고 계속 비핵화를 주장한다고 해서 그리 쉽게 비핵화 될 가능성은 없다.

북한의 비핵화는 이미 실패하였다고 보고, 그 다음의 한국 생존 대책으로서 한반도 비핵화 공동선언을 폐기하는 것이다. 북한의 비핵화 명분 감소를 따질 계제가 아니다.

이상에서 우리가 한반도 비핵화 공동선언을 일방적으로 폐기할 경우의 장단점을 분석하여 보았다. 결론적으로 말하자면 한국 생존을 위한 다음 대책은 '공포의 균형'밖에 없고, 그 대책을 추구하기 위해서는 한국 혼자 발목을 결박하고 있는 비핵화 남북 공동선언을 우선 폐기해야만 한다는 것이다.

제2단계 _ 한반도에서 철수한 미국 전술 핵무기들 환원 재배치

[개요] 북한이 핵 보유국이 되고 한국이 비핵국인 상황 속에서 국가생존 차원에서 제일 화급하게 추진하여야만 할 대책은 북

한이 보유한 핵무기를 한국에 사용하지 못하도록 하는 일이다. 그러기 위해서 가장 중요하고 순발력 있게 취할 수 있는 조치는 1991년 12월 13일 북한의 기만에 의해 서명하고 지금까지 농락당하고 있는 소위 「한반도 비핵화에 관한 공동선언」(발효: 1992. 2. 19)을 조속하게 무효화하고, 한국에서 철수된 미국의 전술 핵무기들을 한반도에 다시 환원 배치하는 일이다.

한반도를 미국의 전술 핵무기들로 방위하는 문제는 사실상 한국과 미국 간에 오래전부터 논의된 역사를 갖고 있다. 1978년의 한미 연례 안보 협의회의(SCM)로부터 미국의 전술 핵무기들(확장 억지력: Extended Deterrence) 한국 제공 원칙을 양국 공동성명을 통해 천명해 왔다.

1991년 12월 13일 「한반도 비핵화에 관한 공동선언」을 공포한 이후인 2006년, 북한이 제1차 핵실험을 하자 한국과 미국은 '확장 억지'라는 표현으로 한반도 전술 핵무기들 관련 사항을 언급하였다. 2009년 제2차 핵실험 이후에는 「한미동맹 미래비전」에서 '전술 핵무기들을 포함한 확장 억지에 대한 미국의 지속적인 공약'을 확인하기도 했다.

2009년 10월 제41차 SCM 공동성명에서는 '미국의 전술 핵무기들, 재래식 타격능력 및 미사일 방어능력' 등 확장 억지의 구성 요소를 명문화하기도 했다. 또 2010년 10월의 제42차 SCM에서는 '확장 억지 정책위원회'(EDPC: Extended Deterrence Policy Committee) 제도화'에 대한 결의를 하기도 했다.

그 이듬해의 제43차 SCM에서는 "EDPC의 심화 발전을 통해 '맞춤식 억지 전략 개발'에 합의했다. 그리고 2012년 6월 14일 워싱턴에서 개최된 '한미 2+2회담(국방+외교)'에서 "EDPC가 실질적·맞춤적 대북 확장 억제 정책 개발을 위한 현재의 노력 계속 및 구체적이고 효과적인 방안 마련"을 합의하기도 했다. 비록 오바마 정부는 '핵 없는 세계'를 주장하고 있지만, 동맹국인 한국과 미국은 북한 핵이 완성되는 것을 전제로 한반도를 핵무기 공격으로부터 방어한다는 전제 아래 미국의 전술 핵무기 문제를 다루어왔던 것이다.

[긍정적인 면] 북한이 실제 핵 보유국이 되는 경우 한국이 생존 차원에서 한반도 비핵화 공동선언을 무효화하고, 미국의 전술 핵무기들을 환원 재배치할 경우의 긍정적인 점은 ①북한 핵무기 공격의 공포와 위협에 대한 균형(Balance) 형성 ②한미 양국의 정당방위[83]: 1992년 북한에 대한 오판을 교정하고, 북한이 약속을 불

---

83) 미국 Heritage Foundation 아시아연구센터의 에드윈 퓰러(Edwin J. Feulner) 회장은 "한미 관계의 초점은 중국이 아니라 북한으로 한미동맹은 전술핵무기의 한반도 재배치와 같은 새로운 대북 관련 조치를 고민할 필요가 있다"고 강조하면서 미국의 핵우산 한국 환원 재배치를 주장하였음(「북핵은 용인 못할 'Abnormal. 더 강력한 제재 필요」(《문화일보》 2016. 4. 28일자 참조)

이행할 시 한반도에 환원 재배치한다는 미국의 약속사항에 대한 이행조치 ③북한의 핵개발을 염두에 두고 이미 양국이 구체적으로 협의해온 각종 안보 조치 사항들 이행 ④한국이 자체적으로 핵개발을 하는데 상당한 시간이 소요됨과 동시에 다른 장애요소들이 내재해 있으며 ⑤한국이 새로운 핵을 개발하는 것보다 손쉽게 이미 완제품인 미국의 전술 핵무기들을 활용하는 것이 더 합리적이라는 점 등을 이야기할 수 있다.

미국의 전술 핵무기 환원 재배치는 북한의 핵공격을 제어하기 위함이다. 북한이 핵으로 한국을 공격할 경우, 한국에 배치된 미국의 전술 핵무기들에 의해 엄청난 보복을 당해 결국 북한이 멸망케 된다는 확실한 인식을 심어줄 수 있는 것이 전술 핵무기 환원 재배치의 근본 목적이다. 아무리 예측할 수 없는 북한정권이라도 결과적으로 스스로 자멸하는 행위를 선택하지는 않을 것이다. 미국 전술 핵무기 한국 재배치는 이러한 공포와 위협에 대한 균형을 기한다는 장점을 갖고 있다.

전술 핵무기 환원 재배치에 대한 지지는 한국의 생존을 진정으로 걱정하는 안보 실무자들 및 안보 전문가들의 양심적인 주장이라고 볼 수 있다. 예를 들면, 주한 미군사령관 빈센트 브룩스(Vincent K. Brooks)는 사령관으로 부임하기 전인 2016년 4월 19일(현지시간) "한국에 대한 미국의 전술 핵무기 제공은 매우 중요하다. 전술 핵무기 제공은 위기 시에 우리가 대응할 수 있는 옵션의 일부가 돼야 한다. 한국으로서는 자체적인 안보를 유지하기 위해 (핵무장을) 검토해야만 할 것으로 생각한다"고 주장하면서, 한국의 생존 대책과 관련하여 합리적이고 양심적인 직언을 했다.[84]

현재 NATO 동맹국들인 독일, 이탈리아, 네덜란드, 벨기에, 터키 등은 미국의 전술 핵무기 아래 그들의 안보를 확보하고 있음을 아래 기사를 통해서도 확인할 수 있다.

> "지금 독일과 이탈리아, 네덜란드, 벨기에, 터키 등 유럽 5개국에는 200기 안팎의 미국 전술핵이 배치돼있다. 이 국가들은 미국과 맺은 '나토 핵 공유 협정'(NATO Nuclear Sharing Agreement)을 통해 핵무기 사용 정책 협의에 참가하고, 공동 결정 및 이행을 할 권한을 갖고 있다. 미국이 최종 결정권을 갖고 있는 핵 통제권을 공유하고 있는 것이다."[85]

결국 미국의 '핵 없는 세상' 주장 논리는 사실상 동맹국에 따라 차별성 있는 주장이며, 일관성 없는 하나의 주장에 지나지 않는다. 동북아에서 한국은 미국의 동맹국 중 가장 중요한 동맹국이

---

84) 「美가 핵우산 제공 안하면 한국의 핵무장 검토해야」(《조선일보》 2016. 4. 21일자 참조)
85) 「무너진 동북아 核 균형, 美의 핵우산만 믿고 있을 때 아니다」(《조선일보》 (2016. 2. 10일자 사설)

며, 동맹국의 생존권이 달린 미국의 전술 핵무기들 한반도 재배치는 북한의 비핵화가 실패했다는 결론과 함께 즉시 제1차적으로 조치해야할 한미 공동 방위 차원의 급선무 과제인 것이다.

미국의 전술 핵무기 환원 재배치는 한미 양국의 북핵 위협에 대한 정당방위 개념에 입각한 조치다. 1992년 한반도에 배치하여 놓았던 미국의 전술 핵무기들은 「한반도 비핵화에 관한 공동선언」이 준수된다는 전제 하에 철수된 것이다. 그러나 북한은 공동선언에 서명하는 순간, 이를 위배하기 시작했음은 이미 지적한 바 있다.[86] 결국 미국과 한국은 사기문서를 믿고 오판을 하였던 셈이다. 사기문서는 사기가 확인되는 순간 즉시 교정되어야 한다. 가능하면 사기에 의해 입은 손해도 배상받을 수 있으면 받아야 마땅하다.

미국의 전술 핵무기들은 굳이 사기에 대한 교정 개념이 아닌 동맹국의 조약 준수 차원에서도 환원 재배치되어야만 한다. 1953년 10월 1일 서명되고, 1954년 11월 18일부터 지금까지 발효되고 있는 한미상호방위조약 제2조는 "당사국은 단독으로나 공동으로나 자조와 상호 원조에 의하여 무력 공격을 방지하기 위

---

86) 북한은 특히, 「한반도 비핵화에 관한 공동선언」 제1항 "남과 북은 핵무기의 시험, 제조, 생산, 접수, 보유, 저장, 배치, 사용을 하지 아니한다." 제2항 "남과 북은 핵 에너지를 오직 평화적 목적에만 사용한다." 제3항 "남과 북은 핵 재처리 시설과 우라늄 농축시설을 보유하지 아니한다." 등을 철저히 비준수하여 왔음.

한 적절한 수단을 지속하며 강화시킬 것이며…"[87]라고 명기하고 있다. 따라서 미국 전술 핵무기들의 환원 재배치는 북핵이라는 새로운 위협의 등장에 따라 그 위협을 방지하기 위한 적절한 수단의 강화라고 이야기할 수 있다. 동맹조약에 명기된 의무 이행의 일환인 것이다.

또한 전술 핵무기 환원 재배치는 한국과 미국이 북한의 핵개발에 대비하여 2006년부터 상호 협의하여 온 사항이다. 앞에서 언급한 바와 같이 2006년 북한이 제1차 핵실험을 단행하였을 당시 한미 양국은 '확장 억지'라는 용어를 사용하면서 전술 핵무기 재배치를 논의하기 시작했다.

그리고 2009년 북한이 제2차 핵실험을 단행하자 「한미동맹 미래비전」에서 '전술 핵무기을 포함한 확장 억지에 대한 미국의 지속적인 공약 확인'이란 표현으로 논의를 계속했다. 이러한 논의에 대한 실천적인 조치가 미국의 전술 핵무기 한반도 환원 재배치다.

미국의 전술 핵무기 한국 환원 재배치는 코앞에 닥쳐온 북한

---

87) "당사국 중 어느 일국의 정치적 독립 또는 안전이 외부로부터의 무력공격에 의하여 위협을 받고 있다고 어느 당사국이든지 인정할 때에는 언제든지 당사국은 서로 협의한다. 당사국은 단독으로나 공동으로나 자조와 상호원조에 의하여 무력공격을 방지하기 위한 적절한 수단을 지속하며 강화시킬 것이며, 본 조약을 실행하고 그 목적을 추진할 적의한 조치를 협의와 합의 하에 취할 것이다."(한미상호방위조약 제2조)

핵보유라는 위협에 응급조치한다는 의미가 있다. 북한의 핵에 대해 공포의 균형을 갖추기 위해서는 어떤 형태로든가 한국이 상응하는 공포의 핵을 보유하여야만 된다. 그런데 한국이 자체적으로 핵을 개발하기 위해서는 많은 시간이 소요되고, 검증된 실용적인 무기로서도 많은 문제점을 가질 수 있다.

한국이 자체적으로 핵무기를 생산함에는 실용성 있는 무기의 성능을 갖추는데도 문제가 있지만, 그보다도 그 과정에서 수많은 장애 요소들이 있을 수 있다. 미국의 전술 핵무기 한국에 재배치는 이러한 장애 요소들을 다 극복할 수 있는 장점이 있다.

미국의 핵무기는 이미 1945년에 실전 사용 경험이 있는 완벽한 실효성을 갖춘 무기다. 미국이 보유한 핵무기는 이제야 겨우 실험에 성공한 북한의 핵무기보다 더 무서운 공포를 줄 수 있다. 이런 의미에서 미국 전술 핵무기 한국 재배치는 완벽한 억제력이 될 수 있다.

[**부정적인 면**] 공동선언 무효화와 전술 핵무기 재배치에 대해 예상되는 부정적인 내용들은 ①미국의 핵 비확산 정책과 상충 ②국내 종북·이적 세력들의 반대 ③중국의 반발 ④국가안보의 대미 의존 심화 등을 꼽을 수 있다.

이 가운데 가장 큰 장애 요소는 미국의 핵 비확산 정책과의 상충이다. 특히, 2013년 6월 19일에 나온 '오바마의 핵무기 정책

(Obama's Nuclear Weapon Policy)'은 "러시아와 교섭을 통해서 전략 핵무기를 3분의 1로 감축한다"는 야심찬 내용이다.

이것은 '핵 없는 세상'을 향한 단계적인 조치이며, 핵무기 확산을 용납하지 않겠다는 미국의 세계정책이다. 이러한 정책으로 인해 오바마 행정부 하에서 미국의 전술 핵무기를 한반도에 재배치한다는 것은 현실적으로 어려움이 있는 것이 사실이다.

그러나 북한은 미국을 타깃으로 하는 핵과 대륙간탄도미사일을 계속 개발하고 있다. 북한의 핵공격에 대해 동맹국 한국의 안전은 말할 것도 없고, 미국 스스로의 안전을 위해서도 북한의 목전(目前)에 전술 핵무기들을 장치하여 놓는 것이 지혜로운 방안이다.

이와 관련하여 장거리 폭격기 B-2, B-52 혹은 F-22 등을 미 본토나 괌에서 발진시키는 것을 고려할 수도 있다. 하지만 이러한 폭격기들은 한반도 도착에 너무 긴 시간이 소요된다. 미국의 장거리 폭격기들이 미국 본토나 괌에서 발진하여 한반도에 도착하는 동안, 동맹국 한국 및 주한 미군은 치명적인 피해를 입을 수 있다.

미국의 핵무기 비확산 정책은 세계정책으로서는 합리적인 정책일 수 있다. 그렇지만 북한 핵으로부터 죽느냐 사느냐하는 직접적인 위협을 받고 있는 한국인들에게는 '핵 없는 세상'이라는 것이 하나의 사치스러운 비정한 구호로 느껴진다. 우리의 입장에서는 미국의 핵 없는 세상 주장보다 '한국의 생존'이 상위 개념의 가치로서 다루어질 수밖에 없다.

또한 미국의 핵무기 비확산 정책은 절대적인 정책이 아니고, 핵무기를 보유하려는 국가와 미국의 구체적인 관계에 따라 상이함이 큰 정책이다. 예를 들어 영국의 핵무장을 미국은 적극적으로 지원하였고, 이스라엘의 경우는 암묵적으로 인정하였다. 소위 미국이 바라는 세계 질서유지에 도움이 되는 국가들이 핵무기를 보유하는 것은 미국에도 도움이 되는 것으로 판단하였던 것이다.

이에 비해 이란이나 기타 중동 국가 중 하나가 핵무장을 하는 것은, 미국과 이스라엘에 의해서 만들어진 중동 지역의 질서를 깨뜨릴 수 있는 요인으로 작용할 수 있으므로 적극적으로 막아온 것일 수 있다.[88] 이런 점에서 미국이 한국의 핵무기 보유를 반대하는 것은 순전히 미국의 국익 차원에서의 반대이다.

한국의 전술 핵무기 보유나 핵무기 생산이 동북아 지역에서 중국이나 북한의 핵을 억제할 수 있는 안보적인 역할을 할 수 있다는 계산이 서면, 미국은 한국의 핵무기 보유를 오히려 지원할 수도 있다. 따라서 한국은 공포의 균형과 동맹국 간의 협조 차원에서 미국에 대한 설득을 보다 적극적으로 전개하여야만 한다.

국내 종북·이적 세력들이 미국의 전술 핵무기 재배치에 반대할 것임은 불문가지의 일이다. 한국의 적을 이롭게 하고 안보 역량을 훼손시키려는 것을 대다수 국민들의 여론으로 간주하여 정책

---

88) 홍우택, 『북한의 핵·미사일 대응책 연구』 (KINU 연구총서 13-09), 통일연구원, 2013, p. 71.

에 반영해서는 안 된다. 이적성 여론을 국가 안보 정책에 반영하여 좌고우면(左顧右眄)해서는 안 된다는 뜻이다.

전술 핵무기 재배치에 중국이 반대하고 나설 것 또한 불을 보듯 하다. 중국의 반대는 동북아에서 미국과 중국의 주도권 차원에서 고려될 사항이다. 한국의 주적(主敵)과 특수 관계를 유지하면서, 자국의 국익 차원에서 주장하는 중국의 반대에 대해서도 좌고우면할 필요가 없다. 안보 이슈는 중국과 협의하고 합의하여 결정할 사항이 아니다. 세계 이성에 적합한 한국 중심의 정책을 수립한 후 일방적으로 선포하는 것이다.

전술 핵무기들 재배치는 한국의 안보를 미국에 심각하게 의존함을 의미한다. 그러나 미흡한 안보 역량은 동맹국의 지원을 받는 것이 당연하다. 그래서 동맹국이 필요하다. 한국 내 이적·친북 세력들은 '안보 역량 자주성', '지나친 대미 의존' 등을 주장하면서 한미 연합 방위체제를 비판한다. 도둑 잡는데 쓸 무기가 꼭 국산일 필요는 없다. 국산이든 외제든 도둑만 잘 잡으면 그것으로 족하다. 안보에서 한미 결속은 한국의 국가이익도 되지만 미국의 국가이익도 된다.

이상에서 고찰한 바와 같이 미국의 전술 핵무기들 한국 재배치와 관련하여 긍정적인 요소들과 부정적인 요소들이 있다. 모든 주장들과 가치들 가운데 가장 고귀한 주장과 가치는 한국의 생존이다. 한국이 없어지면 모든 다른 가치들도 동시에 사라지고 만다. 모든 다른 가치와 주장들은 한국의 생존이 전제되어야 하는 것이다. 이를 위해 우선 실효적인 미국 전술 핵무기들을 조속히 한국에 재배치하여야만 한다.

제3단계 _ 핵무기 보유국들에 대여(貸與) 요구

[**개요**] 제3단계 조치는 미국이 제2단계 조치를 끝내 거부하는 경우 그 다음 대책이다. 미국의 전술 핵무기들 하나에만 한국의 생존 여부를 맡겨놓고, 미국이 거부한다고 하여 우리의 생존권을 포기할 수는 없다. 국가 안보의 포기는 국가의 포기다. 국가 안보는 여하한 경우에도 절대로 포기가 있을 수 없다.

북한 핵에 대한 한국 생존권 확보 차원에서 국제적으로 핵무기 대여를 요구한다. 이것은 미국에만 국한하지 말고, 기존 핵 보유국 전체를 대상으로 타진해야만 한다. 공포의 균형에 기여할 수 있는 핵무기라면 생산국이 어느 나라든 별 문제될 것이 없다.

[**긍정적인 점**] 한국의 생존을 위해 다른 나라에서 핵무기를 대여 받는다는 방안은 ①동맹국 미국에 대한 일종의 압력 행위이며 ②북한에 대해 어리석은 핵위협을 더 이상 하지 말라는 경고 조치이고 ③중국에 대한 압박임과 동시에 협조를 얻을 수도 있으며 ④세계 여론에 호소키 위함이고 ⑤한국이 핵 보유국들을 상대로 진

정성 있게 핵무기 대여를 흥정할 경우, 보유국들 중에는 정당한 대여료를 받고 빌려줄 나라가 있을 수 있다는 장점들이 있다.

이 같은 한국의 핵무기 대여 노력은 미국의 동맹국 임무 불이행에 대한 일종의 책임 추궁 행위다. "한국이 오죽 절박하고 답답하면 핵무기 대여까지 요구하겠는가!"라는 여론 환기에도 의미가 있다.

그리고 미국 이외의 다른 핵 보유국을 통해서도 대여 받겠다는 점을 미국에 당당하게 알릴 경우, 미국의 전술 핵무기 환원 배치가 재고될 가능성이 높다. 특히 모든 것을 돈으로 계산하는 트럼프 같은 사람이 대통령이 되는 경우, 비싼 대여료를 준다고 하면 공짜 전술 핵무기 대여는 거절하더라도 임대료를 받고 빌려줄 가능성도 있다.

국제적인 핵무기 대여 노력은 북한에 대한 경고의 의미를 지닌다. "한국은 북한처럼 어렵게 핵을 개발하지 않아도, 강한 경제력을 동원하여 핵무기를 빌려다 놓을 수 있다"는 점을 북한에 주지시키는 데도 큰 의미가 있다. 그리고 한국이 핵무기를 실제로 대여하여 놓으면 공포의 균형으로서 큰 의미를 가질 수 있다.

이것은 또한 중국에 대한 압박 행위로 작용한다. 북한을 비핵화 시키는데 극히 소극적인 자세를 취하는 중국은, 한국이 생존을 위한 정당방어 차원에서 핵무기를 대여하려고 하니 협조해야만 한다는 적극적인 군사외교를 전개할 수 있다. 중국이 진정한

[표 1] 세계 각국 핵무기 보유

국가	러시아	미국	프랑스	중국	영국	파키스탄	인도	이스라엘	북한	합계
핵무기 보유수	7,500	7,200	300	250	225	130	110	80	〈15	15,695

자료: www.ploughshares.org (Ploughshares Fund, "World Nuclear Weapon Stockpile" (updated June 23, 2015)

전략적 파트너라면 핵무기를 대여하여 주든가, 아니면 여타 다른 방법으로 협조하겠다는 태도를 밝혀야 한다.

중국은 미국이 거부하는 전술 핵무기들을 빌려주겠다는 의지 표명을 할 가능성도 있을 수 있다. 국가안보는 가능성 있는 모든 방안들을 다 동원하여, 할 수 있는 최선의 노력을 모조리 기울여야 하는 국가적 중대사다.

한국의 국제적인 핵무기 대여 노력은 국제적인 여론 지지의 한 방안이다. 우리의 지성적이고 설득력 있는 외교적 노력은 "한국이 불량국가 북한의 핵으로부터 살아남으려고 핵무기 대여에 안간힘을 쓰고 있으며, 그 절박한 상황을 이해할 수 있다"는 세계 여론을 환기시킬 수도 있다. 한국은 불량국가가 아니며, 북한 핵으로부터 살아남기 위한 방책이기 때문에 핵무기를 대여하여 주어야만 한다는 여론이 발생할 수도 있다.

이러한 여론이 생길 경우, 러시아 같은 나라는 과다 재고(在庫) 핵무기를 경제적인 이득도 볼 겸 대여해줄 가능성이 있다. 한국의 국제적인 핵무기 대여 노력은 미국에 공개적으로 하여야만 하

며, 그러면 미국은 도리 없이 전술 핵무기 한반도 환원 재배치 쪽
으로 정책변경을 할 수도 있다.

[부정적인 점] 국제적 핵무기 대여 노력에 대한 장애 요소들은
①미국과 갈등이 유발될 수 있으며 ②한국사회 내 국론 분열 등을
이야기할 수 있다.

가장 큰 장애 요소는 미국과의 갈등 가능성이다. '핵 없는 세상'
을 주장하고 있는 오바마 정부가 한국의 핵무기 대여 노력에 반
대할 것임은 자명하다. 미국이 대여하지 않을 것은 물론, 다른 핵
보유국들에게도 대여하지 못하도록 방해할 가능성이 높다. 그런
경우 한국은 끈질기게 생존권 차원에서 미국에 협조를 요청하여
야 한다.

우리의 생존권이 걸린 이슈인 만큼 미국이 아무리 동맹국이라
도 협조할 수 있는 데까지는 협조하고, 미국의 국익으로 인해 한
국이 희생될 경우 그 희생까지 감수할 수는 없다. 그러한 상황에
서는 일방적인 선언을 하여야만 한다.

그렇다고 한미동맹의 결속을 저해하라는 이야기는 아니다. 한
미 동맹의 결속을 강조하면서, 미국에 동맹국으로서 기본임무
이행의 중요성과 전술 핵무기 재배치를 끈질기게 요구하자는 것
이다.

한편 핵무기 대여에 국내 이적 세력들이 반대하면서 국론 분열

현상이 나타나는 것은 충분히 예상 가능한 일이다. 앞에서 언급한 바와 같이 국가안보 정책에는 수용할 여론이 있고, 절대로 수용해서는 안 될 여론도 있다. 한국사회 내에 존재하고 있는 이적성 여론은, 국가 안보 차원에서 절대로 수용해서는 안 된다.

한국정부가 국가 안보 정책을 결정함에 있어 한국사회에 존재하는 이적성 주장까지 민주사회의 여론으로 취급하면서 멈칫거리는 자세를 취한 결과, 그동안 숱한 국가 안보 역량의 훼손이 있었다는 사실을 명심할 필요가 있다.

제4단계 _ 핵 보유국으로부터 핵무기 구매

[개요] 북한은 핵 보유국, 한국은 비핵국일 경우 한국이 생존을 위한 공포의 균형을 달성키 위한 방법으로 핵무기 보유국으로부터 핵무기를 구매하여 핵 보유국이 되는 방안이다. 전쟁에 필요한 무기들이 모두 국산품이면 외제인 경우보다 여러 가지 면에서 편리한 점들이 많을 것이다. 그러나 반드시 국산품이어야만 한다는 법은 없다. 무기로서 필요한 기능만 발휘하면 그것이 국산품이든 외국산이든 상관할 것이 없다.

미국의 전술 핵무기 재배치가 어렵고, 국제적으로 핵무기를 대여받는 것도 불가능하다면 그 다음 방안으로 핵무기를 구매하는 방안이 있을 수 있다. 경제적인 어려움을 겪고 있는 핵 보유국은 핵무기를 구매하여 자국의 경제적 이익을 도모할 가능성도 있다. 핵무기의 국제적 구매 가격이 대단히 비쌀 수 있다. 하지만 생존 여부를 두고 가격을 따질 계제가 아니다.

[긍정적인 점] 핵무기 구매 방안에는 다음과 같은 몇 가지 긍정적인 점들이 있다. ①핵무기의 국제적 구매는 전혀 불가능한 사항이 아니라 가능성이 있는 방안이며 ②한국의 핵무기 구매는 북한에 대한 정당방어 조치이고 ③미국 전술 핵무기들의 한반도 환원 배치를 위한 노력의 일환이며 ④중국에 대한 압력이고 ⑤한국이 불량국가 북한의 핵공격 방지를 위해 핵무기 구매에 나서는 것은 세계인들의 지지를 얻을 수 있다는 점 등이다.

한국이 핵무기를 국제적으로 구매하려면 그것은 상당히 가능성이 있는 방안이다. 공개적인 구매가 어려우면 비공개적인 구매라도 좋다. 경제적으로 어려운 나라는 언제 사용할지 기약 없는 핵무기들을 많이 쌓아두고 있는 것보다, 이를 판매하여 실질적인 경제적 이익을 취득하는 카드로 써먹을 가능성이 있다.

한국의 국제적 핵무기 구매는 북한 핵보유에 대한 정당방어 노력의 일환책이다. 북한이 핵무기를 갖는다고 하여 한국이 쉽게 북한에 굴복할 수 없음을 보여주는 적극적인 자위권 조치다. 북한은 수십 년 노력하여 핵 보유국이 되었지만, 한국은 핵무기를 구매하여 대응할 수 있음을 보여주면서 북한의 헛된 노력을 자성케 하는 효과도 있다.

이것은 미국 전술 핵무기들의 한국 재배치를 촉구하는 의미를 아울러 지닌다. "동맹국 미국이 전술 핵무기들을 지원하여주지 않으니까 한국이 온 지구촌의 핵무기 보유국을 상대로 판매를 호소하고 있다"는 여론은 동맹국에 대한 미국의 무책임을 부각시킬 수도 있다.

따라서 미국에도 계속하여 핵무기 판매를 요구하여야 한다. 중국이나 러시아, 그리고 여타 핵무기 보유국에도 공개 혹은 비공개적으로 핵무기 판매 외교활동을 전개해 나가는 게 좋다.

한국의 국제적 핵무기 구매는 역시 중국에 대한 북한 비핵화 실패의 책임 추궁이기도 하다. 중국이 적극적인 북한 비핵화 노력을 하지 않은 결과, 한국이 생존권을 확보하느라 핵무기 구매 노력을 한다는 여론은 중국에 일종의 압력으로 작용할 것이다. 한국이 돈을 주고 사서라도 핵 보유국이 되면 중국의 안보 차원에서 이익될 것이 없다. 그것은 동북아 핵 도미노 현상을 의미하기 때문이다.

국제적인 핵무기 구매 노력은 한국이 생존권을 놓고 그만큼 사생결단하고 나섰음을 세계인들에게 주지시키는 의미를 갖는다. 게다가 이것은 어느 정도 가능성이 있는, 현실적인 공포의 균형을 달성할 수 있는 방안이다.

[**부정적인 점**] 그러나 다음과 같은 부정적인 요소들이 있을 수 있다. ①미국이 반대할 것은 불문가지며 ②국내 이적 세력들의 반대로 국론 분열이 일어나는 것이 부정적인 면이다.

앞에서 언급한 바와 같이 미국은 '핵 없는 세상'을 주장하면서 절대 반대 할 것이다. 그렇지만 미국의 주장은 한국의 생존권이 고려되지 않는 미국 위주의 대외 정책 차원에서 나온 것이다. 한국 입장에서는 생존권 차원에서 북한이 핵을 보유하고 있는 한 절대로 받아들일 수 없다.

미국이 이 방안에 반대라면, 전술 핵무기들을 한국에 재배치하면 된다. 한국은 생존 차원에서 미국을 상대로 국제적 핵 구매 노력을 끈질기게 설득하여야 한다. 끝내 설득이 되지 않으면 국제적 구매를 한 뒤 일방적인 통보를 하면 된다. 이것은 미국과의 합의 사항이 아닌 것이다.

이미 언급한 바와 같이 국내 이적 세력들의 반대 여론은 국가 안보 차원에서 고려할 사항이 아니다. 세계 어느 나라도 국가 안보 정책을 마련함에 있어 이적 세력들의 견해를 반영하지는 않는다.

제5단계_ "우리도 핵 만들겠다!" 선언

[**개요**] 이것은 한국이 자체적으로 핵무기를 생산하여 공포의 균형을 달성하는 방안이다. 앞에서 이야기한 제1~4단계 사항들

이 모두 불가능할 경우에 최종적으로 추진할 방안이다. 적대국의 어느 한쪽은 핵 보유국이고[89] 다른 한쪽은 비핵 국가일 때, 비핵국 국민들의 생명과 국가 자산은 핵 보유국의 인질이 된다.[90] 이런 상태에서 벗어나기 위해서는 함께 비핵국이 되든가, 아니면 함께 핵 보유국이 되는 길밖에 다른 방안이 있을 수 없다. 북한이 핵을 포기할 가능성이 전혀 없는 경우, 한국은 생존을 위해서 상응하는 핵능력을 보유하면서 공포의 균형을 통해 국가안보를 확보해야만 한다.

"한국이 향후 생존을 원한다면 무슨 수를 쓰더라도 북한의 핵개발이 완성되기 전에 결판을 내야만 한다. 미국에 전적으로 의존하면서 세월아 가거라 하고 6자회담이나 외치며 북핵 폐기 노력을 하는 한국은 불량국가의 진정한 속성이 무엇인지, 핵무기 공격의 가공스러움이 어느 정도인지를 모르는 무지하고 순진한, 그리고 전략·전술도 없

---

89) "북한, 사실상 핵 보유국...제한적 전쟁가능성 준비해야" (2015. 2. 27, 5년간 미국 국방장관실 자문, 미국 안보전문가 Dr. Van Jackson, Center for a New American Security); "북한은 핵무기와 이를 장착할 대륙간탄도미사일(ICBM) 개발을 완료하였을 것이다."(파키스탄 압둘 카디르 칸 박사, 2013. 5. 10 알자지라 방송); "북한은 탄도중량 500~650kg 핵탄두 소형화를 성공시켰다. 미 본토의 공략이 가능하다. 북한은 이동식 ICBM(KN-08: 사거리 1천200km)에 핵 장착 능력을 구비하고 있다."(미국 북부사령관 윌리암 코트니, 2015. 4. 7); 북한 제4차 핵실험 실시(2016. 1. 16)

90) 유엔 군축회의 북한 대표부 서기관 전용율: "한국의 변덕스러운 행동은 최종 파괴(final destruction)를 불러올 뿐"(2013. 2. 19 스위스 제네바, 언론보도)

는 나라처럼 보인다. 한국은 불량국가인 북한이 핵을 보유하면 자신의 운명이 어떻게 되는지 심각한 고민을 하지 않는, 국가안보에 무책임한 국가처럼 보인다. 북한의 핵개발은 회담이나 말로써는 결코 포기될 수 없다고 생각한다."[91]

북한의 비핵화에 대해 일방적 시한을 설정하여 통보하고, 그 시한까지 비핵화하지 않으면 '한국이 핵 개발에 착수할 것'임을 북한과 국제사회에 당당하게 공포한다.[92] 그동안 인내를 갖고 북한의 비핵화를 갈구하였으나 현실적으로 실패하였음과, 한국의 생존을 위해 궁여지책으로 핵개발을 하는 수밖에 없다는 사연을 정면으로 선포하는 것이다.

미국이 이러한 상황을 싫어한다면 전술 핵무기들을 갖다놓든

---

91) 2011. 3. 22 필자가 이스라엘 BESA Center를 방문했을 때 소장 Efraim Inbar 교수가 주장한 내용임.

92) 전 국방대학교 교수 허남성 박사는 이 점과 관련 '한국의 시한부 공개적 핵무장 선언'을 주장하였음. 그 핵심 내용은 "한국은 북한의 비핵화를 달성하기 위해 20개의 히로시마급 핵탄두를 공개적으로 제조하겠으며, 미·중을 포함한 별도의 국제기구의 무제한 참관 하에 투명하게 시행하겠다. 제조된 핵탄두는 보안 목적상 '미국과의 공동관리' 하에 우리 자체의 다양한 운반수단과 결합하여 여러 방법으로 비축한다. 이 핵탄두들은 '북한의 완전하고도 불가역적 비핵화가 달성될 때' 국제기구에 반납하여 폐기한다. 핵탄두를 보유하는 동안 북한 이외 그 어느 국가도 겨누지 않을 것이고, 절대로 선제적으로 사용하지도 않을 것이며, 한반도 밖으로 반출하지 않을 것이다"고 주장하면서 북한 핵에 대한 '공포의 균형 방안'을 주장하였음 (2016. 3. 10 육군회관에서 한미안보연구회 주최 비공개 세미나에서 토론자로 참석하여 주장한 내용)

가, 아니면 어느 나라에서든 핵무기를 대여 혹은 구매하려는 한국의 노력을 방해하지 말라는 메시지를 동시에 선포한다. 그리고 북한이 진정으로 핵을 포기하면 한국도 즉시 핵개발을 중단할 것임을 선언한다.

[**긍정적인 면**] 한국 자체 핵개발 선언에 대한 긍정적인 면은 ①북한의 핵 공포와 위협에 대한 정당방어 개념이며 ②한국은 핵을 개발할 정도로 경제·산업능력을 보유하고 있다는 사실을 알릴 수 있고 ③핵을 양산하는 최강 첨단기술들을 가진 한국의 동맹국이 있으며 ④중국의 북핵 폐기 노력을 촉구하는 지렛대의 의미가 있고 ⑤동북아 핵 도미노에서 생존을 위한 최후의 노력이라는 점 등을 강조할 수 있다.

"미국은 한국이 전술 핵무기들의 보호를 받고 있다고 우리를 안심시켜 왔다. 그러나 한반도의 전술핵은 1992년 철수했다. 정부는 우선 일시적으로라도 전술핵을 다시 들여오는 방안을 미국과 적극 검토해야 한다. 또 유럽처럼 핵무기 사용 결정에 우리가 직접 참여할 수 있는 시스템을 도입할 필요가 있다. 그것만으로 부족할 수 있다. 북의 핵 위협이 현실화할 때 과연 적시(適時)에, 우리가 기대하는 수준으로 미국의 조치가 이뤄질지 아무도 장담하지 못할 것이다. 미국 본토가 공격받지 않는 상황에서 전술 핵무기들을 가동할 미국 대통령이 있을지도 의문일뿐더러, 전술 핵무기들 사용을 결정할 때 한국의 의지가 얼마나 반영될지도 회의적이다. 우리의 통제권 밖에 있는 전술 핵무기들만 믿고 눈앞의 위협에 손을 놓고 있을 수는 없는 것이다. 우리는 더 이상 실효성 없는 대북제재나 방어용에 그치는 사드배치, 미국의 불확실한 전술 핵무기들에만 기대고 있을 수 없다. 동북아의 군사적 불균형을 해소하는 방안을 미국·일본·대만 등과 본격 논의할 때가 왔다… 아무리 혈맹관계라고 해도 국가안보를 동맹국에만 의존할 수 없다. 주변에 적대국들뿐인 이스라엘은 80기의 핵무기를 보유하고 있지만 핵 보유 사실을 긍정도 부정도 하지 않고 있다. 핵확산금지조약(NPT) 가입도 거부하고 있다. 핵 주권을 스스로 굳건하게 지키고 있는 것이다. 우리도 이스라엘 생존전략을 연구해야 하는 것이다."[93]

한국이 자체적으로 핵을 개발하겠다는 것은 북한의 위협에 대한 정당방어 개념으로서, 그 누구도 압박할 수 없다. 한국의 생존권은 한국 외에 어느 누구도 책임질 수 없고, 책임지게 맡겨 놓아서도 안 된다. 한국은 생존권을 동맹국 미국에 전적으로 맡겨놓고 미국의 한반도 안보정책에 따라 울고 웃어서는 안 된다. 그 이유는 다음과 같다.

---

93) 「무너진 동북아 核 균형, 美의 핵우산만 믿고 있을 때 아니다」 (《조선일보》 2016. 2. 10일자 사설)

첫째, 한국과 미국이 동맹국으로서 결속이 강화되어 있고, 미국의 한반도 안보정책과 한국의 안보정책이 큰 차이점이 없을 경우에는 별 문제가 없다. 그러나 한미동맹의 결속이 약화되거나 미국의 한반도 안보정책과 한국의 안보정책이 상이할 경우 심각한 문제점들이 있을 수 있기 때문이다.

그 대표적인 사례들을 우리는 이미 많은 경험들을 했다. 미국 카터 행정부 시절 카터 대통령의 주한 미군 철수 주장과, 노무현 대통령 시절 전시 작전 통제권 전환 문제 등이 그 대표적인 사례들이다.

둘째, 한국이나 미국은 자유민주주의 국가로서 선거에 의해 대통령과 의회 의원들이 교체된다. 국민들의 선거에 의해 교체되는 각각의 대통령 및 의회 의원들, 그리고 정부의 질은 현격한 차이점이 있는 것이 사실이다. 흐르는 세월에 따라 같은 미국이 아니고, 같은 한국이 아니다. 미국의 경우 철저한 보수성을 갖고 우방의 중요성을 강조하면서 우방의 결속을 강화하는 정책들을 펴는 레이건 같은 대통령이 있는가 하면, 북한의 실체가 무엇인지 정확하게 인식하지 못한 가운데 은근히 친북적이고 반 한국적인 태도를 견지한 카터 같은 대통령도 있었다. 미래도 마찬가지다.

한국의 경우도 똑같다. 역대 대통령 중에는 북한의 실체를 정확하게 알고 합리적인 한국 생존책을 구사하는 대통령이 있었는가 하면, 북한의 실체를 왜곡 인식한 가운데 북한을 적으로 간주하지 않고 이적성 대북 정책을 추구한 대통령들도 있었다. 생존권을 놓고 사생결단할 의지와 능력을 갖추지 못한 한국이나 미국의 대통령, 그리고 의회에다 우리의 생존권을 맡겨놓을 수는 없다.

2016년 11월에 치러질 미국 대통령 선거의 공화당 후보로 지명된 도널드 트럼프는 선거 캠페인 중 "오직 멍청이만이 한·미 FTA에 찬성할 것", "한반도에서 전쟁을 하려면 하라지, 행운을 빈다", "한국·일본 핵무장 논의해야 한다", "한국은 돈 버는 기계인데 주한 미군 주둔비는 쥐꼬리만큼 부담", "한국이 주한 미군 주둔비 100%부담, 그렇지 않으면 스스로 방어해야" 등을 주장했다.[94]

만약 트럼프가 미국의 대통령이 되는 경우, 미국의 한반도 정책이 질적인 변화를 함은 물론 한국의 생존권이 그에게는 별 관심사가 아닐 가능성이 있다. 이런 경우를 생각해서도 한국의 생존권을 동맹국 미국에 맡겨놓는 것은 정말 무책임한 일이다. 한국 운명은 한국 자신이 책임져야만 한다.

셋째, 한국과 미국의 국가 이익이 공통적인 것도 많지만, 반드시 상이할 수밖에 없다. 북한의 비핵화라든가 한반도 안보는, 결국 미국의 국가 이익 차원에서 추구되는 정책이다. 한국의 생존

---

94) "트럼프 뜻대로면… 한국이 낼 미군 분담금 年 9천320억 달러(2015년) → 2조원" (《조선일보》 2016. 5. 6일자 참조)

권을 놓고 미국이 한국의 희망대로 협조하지 않는다고 해서 미국을 원망할 것도 없고, 잘 해준다고 해서 전적으로 미국에 의존할 수만도 없다.

동맹국의 관계도 낮이 있으면 밤이 올 수도 있고, 산이 높으면 골이 깊을 수도 있다는 점을 명심하여 냉철하고 담담한 자세를 갖는 것이 중요하다. 이런 의미에서 한국의 생존 대책을 미국에 맡겨놓고, 미국의 정책만을 바라보는 자세를 탈피하여야 한다.

마지막으로, 미국과 중국은 북한의 비핵화 문제를 그들의 동북아 정책과 국가 이익, 그리고 그들의 주도권 경쟁 차원에서 다룰 수밖에 없다. 미국과 중국이 정도의 차이는 있겠지만, 한국의 생존 문제를 그들의 국가 이익 다음인 제2차적인 문제로 인식하고 있음을 알아야 한다.

한국의 진정한 생존 대책은 미국이나 중국이 주장하는 내용들을 참고하면서, 활용할 수 있는 내용들이 있으면 최대로 활용하면 된다. 그들의 국가이익 때문에 한국과 협조할 수 없는 내용을 두고 비방할 필요도 없다. 그런 경우에 대비하여 한국의 독자적인 생존 대책이 반드시 필요하다. 우리의 생존을 동맹국이나 전략적 파트너에게 전적으로 의존하는 것은 실질적인 생존 대책이 아니다.

미국은 핵을 보유하려는 한국을 압박하기보다, 북한의 핵을 제거하는 일에 몰두하는 것이 순리다. 조폭이 흉기를 소지하고 사람을 해치려고 하는 경우, 조폭을 제거하든가 아니면 소지한 흉기를 뺏는 것이 먼저다. 조폭의 흉기에 방어하려는 사람의 호신용 무기를 갖지 못하도록 하는 것은 논리적으로 모순이다.

북한을 확실하게 비핵화 시키지 못해 거의 핵 보유국이 된 마당에, 협박 받고 있는 한국에 대해 절대로 핵무기를 보유하지 못하게 하는 것은 한국의 생존권을 포기하라는 주장과 같다. 흉기를 든 조폭을 방어하는 장비를 갖지 말라는 것은 조폭의 흉기에 그대로 희생되라는 이야기다.

이웃집으로부터 흉기를 든 조폭을 제어할 수 있는 장비를 지원받든가, 대여하든가, 사오든가 하는 것이 순리다. 그 모든 것이 다 어려우면 조폭이 소지한 흉기를 제어할 수 있는 장비를 만들 수 있는 능력을 총동원하는 것이 최선의 방책이다.

한국은 국가정책으로서 결정만 하면 자체적으로 핵개발을 할 수 있는 경제력과 산업능력을 보유하고 있다. 2015년 말 현재 한국은 경제 규모(명목 GDP) 1조4천351억 달러(세계26위)이다. 무역 규모는 1조 675억 달러로서 세계13위를 차지한다. 또 1인당 명목 GDP는 2만8천338달러로 세계28위여서 중진국 가운데 상위권의 경제 역량을 보유하고 있다.[95]

한국은 [표 2]에서 볼 수 있는 바와 같이 세계 6위의 원자로 시

---

95) '한국/경제'(www.namu.wiki 2016. 2. 8 검색)

[표 2] 각국 원자로 보유 통계

국가	원자로			국가	원자로		
	기존	건설중	합계		기존	건설중	합계
아르헨티나	3	1	4	아르메니아	1	0	1
벨기에	7	0	7	브라질	2	1	3
캐나다	19	0	19	중국	30	24	54
이집트	0	4	4	핀란드	4	1	5
헝가리	4	0	4	인도	21	6	27
일본	43	3	47	멕시코	2	0	2
파키스탄	3	2	5	루마니아	2	0	2
독일	9	0	9	슬로바키아	4	2	6
남아프리카공화국	2	0	2	한국	24	4	28
스웨덴	10	0	10	스위스	5	0	5
터키	0	2	2	우크라이나	15	2	17
영국	16	7	23	미국	99	5	104
벨라루스	0	2	2	불가리아	2	0	2
체코	6	0	6	프랑스	58	1	59
이란	1	0	1	네덜란드	1	0	0
러시아	34	9	43	슬로베니아	1	0	1
스페인	7	0	7	대만	6	0	6
아랍에미리트	0	4	4				
총계: 기존 437 건설중 69							

자료: 'Nuclear power by country'(www.en.m.wikipedia.org 2016. 2. 8 검색)

설을 구비한 원자력 산업 분야 강국이다. 원자로 건설 기술을 해외에 수출할 정도의 능력을 구비하고 있다.

이러한 경제 역량과 산업 역량을 구비하고 있기 때문에, 국가의 생존권이 달린 핵개발을 국가정책으로서 결정만 하면 언제든지 핵무기를 생산할 수 있다. 국가 자체의 핵무기가 없어 존망의 협박을 받고 있는 상황 속에서, 한국은 동원할 수 있는 경제 역량을 총동원하여 핵무기를 생산해야 한다.

만약 경제력이나 산업 기술 능력 면에서 많은 어려움을 갖고 있다면, 핵무기 생산을 재고해볼 필요성도 있다. 하지만 그런 능력을 보유하고서도 국가의 생존을 위한 최선의 노력을 강구하지 않는다면, 그것은 국민의 생명과 재산 보호에 너무 무책임한 소행이다. 한국은 필요시 핵개발을 할 수 있는 국력을 가진 것이 큰 장점이다.

한국은 핵을 양산할 수 있는 동맹국 혹은 친교국(親交國)들이 있기 때문에 유리한 점이 많다. 물론 동맹국이나 친교국이라고 해서 무조건 핵무기 제조 기술을 전수할 수 있는 것은 아니다. 그러나 적성국 관계보다는 동맹국 혹은 친교국 관계에 있는 나라들로부터 핵무기 생산과 관련된 협조를 얻을 수 있을 가능성이 높은 것은 사실이다. 북한도 6·25전쟁이 끝난 직후 당시의 공산권 종주국인 구소련으로부터 핵무기 제조 기술을 전수 받았다.

한국이 동맹국 미국으로부터 핵무기 생산과 관련하여 협조를 받을 가능성이 있는 분야는 ①상당수 한국 유학생들이 미국에서 핵공학 공부를 했으며 ②한국의 학자들 중 미국의 핵공학 연구 분야 혹은 핵무기 제조 분야에서의 근무 경험을 가진 학자들이 있을 수 있고 ③한국의 군사 외교 혹은 국제정치 역학 관계에 따라 미국의 공식적인 핵무기 제조기술 등을 이야기할 수 있다.

한국 학자들 중 상당수가 미국 유학을 통해 핵공학을 공부한 경험은 한국의 핵개발에 결정적인 기여를 할 수 있다. 이들 한국의 핵 공학자들이 직간접적으로 미국의 핵 생산기술과 어느 정도 연계될 가능성도 있을 수 있다. 한국 태생 학자로서 미국의 핵 생산 분야에 종사한 경험자들은 한국정부의 유치노력에 따라 한국의 핵 생산에 상당한 기여를 할 수 있는 것이다.

한국의 군사 외교 혹은 대미 외교와 국제정치의 상황 변화는, 미국의 '핵 없는 세상'이 "동맹국을 전술 핵무기들로 보호하자"는 주제로 바뀔 수도 있다. 이런 의미에서 세계 최강의 핵무기 보유국이자 핵무기 기술 강국인 미국을 동맹국으로 보유하고 있음은, 한국의 핵 생산에 큰 기여를 할 가능성이 있다.

한국의 자체 핵개발 선언은 동북아에서 핵개발 도미노 현상을 초래케 하고, 이것이 중국 안보에 큰 위협이 될 수 있다. 이러한 위협이 발생하기 이전에 중국은 북한의 비핵화를 촉구하는 노력을 경주할 가능성이 있다. 한반도를 둘러싼 주변국들의 핵무기 보유 도미노 현상은 한국의 자체 핵 생산을 기점으로 가속화될 가능성이 높다. 중국과 러시아는 이미 핵 보유국들이다. 북한도 사실상 핵 보유국이다.

일본은 사실상 잠재적인 핵 보유국이다. 일본은 매년 플루토늄(Pu) 9톤 (핵무기 2천 개 생산 분량)을 생산할 수 있는 저력을 보유하고 있다. 미국 국제연구센터 소장이자 2005년 MIT 정치학과 과장을 역임하면서, MIT 일본 프로그램 재단이사장(The Founding Director of MIT Japan Program in 2005)을 역임한 리차드 새뮤엘스(Richard J. Samuels)는 "일본은 북핵과 중국 핵을 빌미로 핵무장할 가능성이 높다. 아시아는 이미 제2차 핵 시대로 돌입하고 있다. 일본 총선 출마자(2012년)의 3분의 1이 '자체 핵무기 개발을 염두에 두어야만 한다'고 이야기하고 있다. 더 이상 잃을 게 없는 북한의 핵개발 위협, 중국 부상, 미국의 취약한 전술 핵무기들 등이 일본 핵무장의 원인이다"고 주장했다.[96]

일본의 핵 개발과 관련하여 중국은 "일본은 이미 핵무장 능력을 갖추고 있다. 그 생산 능력은 미국과 맞먹는 수준이다. 일본은 매년 9톤의 무기급 플루토늄(Pu)을 생산하고 있으며, 이는 핵무기 2천여 개를 만들 수 있는 분량이다. 일본은 이미 핵 폭발 장치 2~5개를 제작할 수 있다"[97]고 주장했다.

---

96) 2013. 10. 24 언론보도,

97) 2014. 1. 3. 중국정부

2015년에 접어들면서 미국과 일본의 밀착 관계 형성은 일본의 핵 보유에 긍정적인 변수로 작용할 수 있다. 2015년 4월 28일의 '오바마·아베 공동 비전 성명'은 일본 핵개발에 유리한 변수가 될 수 있다.[98] 미국의 중국 견제라는 전략적 목표는, 미국의 동맹국 일본이 핵을 보유함으로서 더 강한 중국 견제력이 될 수 있기 때문이다.

대만은 핵 개발을 거의 완성한 국가로 분류되고 있다. 대만은 이미 1977년부터 핵무기 개발을 거의 완성한 '핵무기 개발 의심 국가(insecure nuclear threshold states)'이다.[99] 대만은 1967년 대만 청산과학기술연구소 내에 원자력연구소(INER: The Institute of Nuclear Energy Research at the Chungshan Institute of Science and Technology)를 두고 핵무기 개발 프로그램을 시작한 후, 1970년대에 플루토늄(Pu) 생산에 박차를 가해왔다. 그 후 IAEA와 미국의 압력에 의해 외형적으로 핵 개발을 중단하고 있다.

한국의 자체적인 핵 생산은 동북아에서 핵 도미노 현상을 가속화시키는 기폭제가 될 수 있으며, 일본과 대만의 핵무장 가속화

98) 2015년 4월 28일 '오바마-아베 공동 비전 성명'에서 강조한 "힘에 의한 행동은 국제질서에 위배되는 행위다. 일본 자위대 참전 계획을 전 세계로 확대한다. 미·일 동맹은 아시아·태평양 안보의 기둥이다"는 내용은 일본이 자국의 핵 보유를 강력하게 요구할 경우, 미국이 이에 동의할 가능성을 높이는 내용이라고 볼 수 있음.

99) "Taiwan and Weapons of Mass Destruction" (en.m.wikipedia.org, 검색 2015. 6. 15)

를 의미하기도 한다. 일본과 대만의 핵무장은 중국 안보에 엄청
난 위협을 의미한다. 중국은 이러한 상황보다는 북한을 비핵화
시키는 것이 오히려 국가 이익에 더 도움이 될 수 있다는 계산을
할 수 있다.

한국의 자체 핵 보유는 동북아 핵 도미노에서 생존을 위한 최
후의 노력이다. 동북아에서 중국, 러시아, 북한, 일본, 대만 등 중
요 국가 모두가 핵무기를 보유하고 있고, 한국만이 비핵 국가로
남아있는 경우는 한국 홀로 국가안보를 포기한 상황을 의미한다.
한국의 핵 자체 생산 및 보유는 실제로 국가 안보 역량을 구비한
다는 차원에서, 그리고 공포의 균형이라는 상징적인 의미에서 동
시에 필요한 일이다.

[부정적인 면] 한국 자체의 핵 개발 선언에 대한 부정적인 면
들은 ①미국 및 국제사회의 핵 비확산 정책과 갈등 ②중국의 심각
한 반대 ③동북아 핵 도미노 및 군비경쟁 가속화 ④국론 분열 등
을 이야기할 수 있다.

앞에서 언급한 바와 같이 미국은 '핵 없는 세상'을 주장하면서
한국의 자체적인 핵무기 생산을 절대 반대할 것이다. 그러나 '핵
없는 세상' 주장은 한국의 생존권이 고려되지 않는, 어디까지나
미국 대외 정책 차원의 주장에 지나지 않는다. 한국 입장에서는
생존권 차원에서 절대로 받아들일 수 없는 주장이다.

미국이 한국의 핵 생산을 끝내 반대한다면, 전술 핵무기들을 한국에 재배치하면 된다. 한국은 생존 차원에서 핵무기를 자체적으로 생산하고 배치하여야 함을 미국에 끈질기게 설득하여야만 한다. 설득이 이뤄지지 않으면 굳이 미국과의 합의를 기다리며 마냥 시간을 보낼 수 없다. 성의를 다해 미국을 설득해도 끝내 타협이 되지 않는 경우, 한국은 일시적인 갈등 관계를 각오하더라도 일방적으로 미국에 통보하고 자체적인 핵 생산을 추진하면 된다.

한국의 자체적인 핵무기 생산 선언으로 발생할 수 있는 국제적인 반발이 큰 부정적인 변수임은 분명하다. 설사 그렇더라도 한국은 국제적인 반발을 두려워하면서 그냥 비핵국으로서 벌거벗고 홀로 서 있을 수만은 없다.

한국은 반발 분위기 해소를 위해 정성을 다해 국제사회에 대한 설득 노력을 기울여야 한다. 핵무기를 자체적으로 생산하고자 하는 이유가 어디까지나 북한의 핵 위협에서 살아남기 위한 막다른 골목에서의 선택임을 논리적으로 설명하여 그들을 이해시켜야 하는 것이다.

중국의 반대 역시 부정적인 변수 중 하나다. 이에 대해서는 한국이 역공을 가하여야 한다. 즉, 중국에는 한국의 핵무기 자체 생산을 반대할 명분 자체가 없음을 인지시키는 것이다. 그 이유는 북한의 비핵화 문제를 두고 중국이 너무 무성의하게 대처한 탓에 북한이 핵 보유국이 될 수 있었기 때문이다.

중국이 반대하고 나오리라는 것은 불문가지다. 따라서 중국을 상대로 당당하게 주장할 것은 주장하고, 그들의 동의를 얻으리라는 기대를 가질 필요조차 없다. 북한을 비핵화 시키지 못한 결과로 한국이 자체 핵무기 생산 선언을 하는 것이며, 여기에는 중국의 책임이 크다는 사실을 당당하게 주장하여야만 한다.

한국의 핵무기 생산에 의해 동북아에서 핵 도미노 현상이 노골화되고 군비경쟁이 가속화되어, 이 지역에서의 평화와 안정에 극히 부정적인 요소로 작용하게 될 것은 사실이다. 그러나 한반도를 둘러싼 다른 중요 국가들은 모두 자체 핵무기를 보유하고 있는데도 동북아의 평화와 안정을 내세워, 우리만 홀로 비핵국으로 벌거벗고 서 있는 상황은 한국의 생존 차원에서 있을 수 없는 일이다.

한편으로 한국의 자체 핵무기 생산에 대해 우리 사회에서도 심각한 국론 분열이 생겨날 가능성이 크다. 안보 차원에서 가장 어려운 상황 가운데 하나는, 안보 관련 이슈들이 정치화되고 이념화되는 것이다. 그렇게 되면 국가 안보에 대한 논의가 정치인들의 정파적 이익 혹은 이념 투쟁으로 흘러 본질이 훼손될 수밖에 없다.

이러한 이유들로 인해 국론이 분열되어 합리적인 안보 정책 도출이 무망해진다. 이 같은 부정적인 면을 극복하기 위해서는 적과 연계된 세력들의 이적성 주장들을 철저히 배격해야 한다. 세계 어느 나라도 이적 세력의 견해를 안보 정책에 수렴하지는 않는다.

제6장

—

북한의
‘핵(核) 인질’에서
벗어날 길을 찾아서…

2016년 7월 현재의 엄밀한 현실은, 북한의 비핵화에 실패하여 그들이 사실상 핵 보유국이 되었다는 것이다. 이를 달리 표현하자면, 핵무기를 지니지 못한 한국은 생존 차원에서 대단히 치명적인 상황에 처해 있음을 뜻한다. 다시 말해 한국은 핵 보유국 북한의 인질 상태에 빠져 있는 것이다.

따라서 우리는 생존 차원에서 북한 핵이 완성되지 못한 경우와, 북한이 실제로 핵을 실전 배치하는 두 가지 경우를 가정하면서 서둘러 그 대책을 마련해야한다.

북한 핵이 완성되지 못한 경우에는 발상을 전환한 비핵화 방안을 마련하고 실천하는 게 옳다. 비핵화 방안들 중에는 ①대화와 협상(dialogue/negotiation) 및 외교 정책에 의한 방안 ②제재(containment/

sanction) ③타격(strike/preemption) ④비밀작전(covert operation) ⑤북한 정권의 질적 변화(changing the North Korean regime) ⑥남북한 통일(unification between both Koreas) ⑦북한 체제 몸통 흔들기(de-stabilizing the North Korean regime) 등이 있을 수 있다.

이들 방안들은 그 실효성 차원에서 각각 장단점이 있고, 지도자의 강한 신념과 강력한 실천력 여부에 따라 성공 여부가 결정된다. 한국의 최고 통수권자인 대통령이 사생결단으로 기어코 북한의 비핵화를 달성하겠다는 절대불변의 신념을 지니고, 거기에 정치 생명을 걸고 결행할 경우, 성공을 거둘 수 있는 방안들이 얼마든지 있을 수 있다.

이와는 반대로 대통령이 사생결단의 신념이 없고 실천력도 미약한 경우, 위에 적시한 일곱 가지 방안들 가운데 어느 것 하나도 북한의 비핵화를 달성할 수 없다.

북한의 비핵화와 관련한 가장 큰 문제점은, 북한을 제외한 6자회담의 다른 5개국들이 모두 실효성 없는 대화와 협상, 외교 정책에만 안주하여 20여 년 세월을 허송하고 있다는 점이다. 현재 김정은 정권은 선군정치와 병진노선을 "급변하는 정세에 대처하기 위한 일시적 대응책이 아닌 항구적 국가전략 노선"이라고 그 개념을 확고히 정리한 후, 지상지고의 국가 경영 철학으로 대못을 박아놓고 있다.

김정은 정권은 그 결과물로서 '항구적인 핵 보유국' 지위를 쟁

취한 것이나 다름없다. 김정은 정권은 "하늘이 무너져도 그들의 병진노선을 포기한다든가, 항구적인 핵보유를 포기할 의사가 추호도 없음"을 제7차 노동당대회(2016년 5월 6일~9일)에서 확고히 천명했다. 그리고 향후 '핵보유 강대국'으로서 행세하겠다고 공언하고 있다.

이에 견주어 한국은 국가 차원의 신념이나 독자적인 방안도 없이, 국제적인 공조에나 기대면서 시간을 보내다가 '핵 보유 집단 북한 대(對) 비핵국 한국'이라는 냉엄한 현실에 직면해 있다. 북한의 핵무기에 가장 치명적이고 심각한 위협을 받게 될 당사국은 두말 할 나위도 없이 한국이다.

6자회담에 참여하는 북한을 제외한 다른 국가들도 비핵화 주장을 펴긴 하지만 한국처럼 절박하지는 않다. 북한의 사생결단하는 자세에 비해 다른 제재 국가들의 자세는 극히 소극적이고, 비실효적인 것이 사실이다.

북한의 진정한 비핵화를 위해서는 앞서 적시한 것처럼 대화와 협상 및 외교 정책에 의한 방안, 제재, 타격, 비밀작전, 북한정권의 질적 변화, 남북한 통일, 북한 체제 몸통 흔들기 등 7가지 방안을 고려할 수 있다. 각 방안들은 모두 북한의 비핵화를 달성한다든가, 혹은 북한 핵 실전 배치 차단이라는 차원에서 각각의 장단점을 지니고 있다.

대화와 협상에 의한 방안은 북한의 정권 속성이 변하지 않는

한 사실상 실효성을 기대하기 어렵다. 실효성 없는 방안임을 간 파하는 것도 실효성을 증대시키는 사항 중 하나다. 가령 "북한이 향후 핵 실험을 하거나 핵을 실전배치할 경우, 그 현장을 공격한다"는 사항을 합의하면 웬만큼 실효적인 방안이 될 수 있다.

북한에 대한 제재는 중국이 엇박자적인 해결 방안을 제시하여 이를 고수(固守)하고, 또 제재의 효력을 감소시키는 구멍들(loophole) 때문에 문제가 많다. 중국이 북한의 비핵화와 한반도 문제를 연계시키거나, 북한 정권 붕괴로 몰고 갈 압박에는 반대하는 것 등이 제재 방안의 실효성을 감소시키는 구멍으로 작용한다.

비핵화를 겨냥한 타격과 선제 공격 방안이 성공하기 위해서는 한국 정부지도자 및 해당 부처의 사생결단하는 강력한 신념과 실천력, 공격 능력 보유, 적의 반격을 제압할 수 있는 능력, 동맹국을 위시한 국제적 지지와 국민적 지지 등을 필요로 한다. 무엇보다 북한군의 강점과 취약점들을 정확하게 간파하는 것이 중요하다.

비핵화를 위한 비밀작전은 한국이 과감하게 시도하여 볼 수 있는 가장 실효성을 기대할 수 있는 방안이다. 한국과 동맹국 미국의 최첨단 과학 기술, 한국에 거주하는 2만8천여 탈북자와 2천여 명에 달하는 북한군 출신 탈북자, 중국과 한국의 전략적 파트너십 등 적극적인 변수로 활용할 요소들이 적지 않다.

이 방안이 확실한 실효성을 달성하기 위해서는 국가 최고 통수권자의 과감하고 강력한 신념, 애국심이 동원된 군부의 신념과 집념, 지혜로운 전략과 전술, 충분한 사전 모의 훈련, 동맹국 및 국제적 역량 최대 활용 등을 전제로 한다.

북한 정권의 질적 변화를 통한 비핵화는 가장 평화적이고, 남북한의 피해가 가장 작을 수 있는 방안이다. 이 방안이 실효성을 거두기 위해서는 북한 스스로가 개혁 의지를 갖고 추진하는 것이 가장 이상적이나, 그러한 상황을 기대하기는 쉽지 않다. 우선 한국과 국제사회의 공기(空氣)를 적극적으로 북한에 투입하면서, 다양하고 다층적인 북한 인권 증진을 위한 노력을 기울이고, 여기에다 탈북자들의 적극적인 활용과 협조에 기대를 걸어봄직 하다.

남북한 통일은 북한의 비핵화 문제를 평화롭게 자동 해결하는 방안이다. 그러나 통일이 언제 이루어질지 알 수 없는 것이 문제다. 통일을 위해서는 북한의 실체에 대한 객관적 인식을 갖고, 북한의 질적인 변화를 대북 정책의 궁극적인 목표로 강력히 추구하는 한편, 주변국들을 상대로 지혜로운 통일 외교정책을 구사하여야 한다.

북한 체제의 몸통 흔들기 역시 비핵화를 추구하는 지혜로운 방안 중 하나다. 그 대표적인 방안들은 대북 심리전, 참수 작전, 핵심 지역 점유 작전 등이다. 이 방안이 실효를 거두기 위해서도 최고 통수권자의 강한 신념과 실천력이 중요하다. 동시에 애국심에 넘치는 군부의 신념과 실천력, 그리고 지혜로운 전략과 전술이 관건이다.

이상에서 언급한 일곱 가지 방안들을 심층 검토하고 분석하여, 성공과 실효성이 가장 높은 방안을 택해서 실천에 옮길 필요가 있다.

북한이 사실상 핵 보유국이 된 상황에서 한국의 생존 대책은, 핵무기로 위협하는 주역을 제거하든가, 핵무기를 절대로 사용하지 못하도록 만드는 공포의 균형 정책이다.

공포의 균형을 이루기 위한 제1단계 조치로서 먼저 동맹국 미국의 전술 핵무기들을 조속하게 한국에 환원 재배치하여야 한다. 미국이 제1단계 조치에 협조하지 않으면 제2단계 조치로서 국제적으로 핵무기를 대여 받아 한국 땅에 핵무기를 배치하여 공포의 균형을 달성해야 한다.

이 두 단계 조치가 미국의 비협조, 반대 혹은 기타 원인으로 인하여 제대로 이뤄지지 않을 경우, 제3단계 조치로서 국제적으로 핵무기를 구매하여 한국 내에 배치하도록 한다. 만약 제1, 2, 3단계 조치들이 다 불가능할 경우, 한국은 자체적으로 핵개발에 나서야만 한다.

국가 안보에는 포기가 있을 수 없다. 해결 과제가 어렵다고 포기하고, 쉽다고 실천하고 하는 주제가 아니다. 우리 입장에서 '한국의 생존'보다 더 고귀한 가치는 있을 수 없다. 한국의 생존이 희생됨은 한국 전부의 희생을 의미한다.

동맹국이나 주변국들과의 친교라든가 동맹국들의 동의, '핵 없는 세상'이라든가 국내 여론이라는 따위의 모든 이야기는, 한국이 생존하여 있다는 전제 아래 논의될 수 있는 주제들이다. 한국의 생존이라는 가치에 비교하면, 이 모든 주제들은 하위의 개념들이다.

핵 보유국 북한 정권에 인질과 볼모 처지가 되지 않으려면, 우리 모두가 사생결단하는 강한 결심을 갖고, 북한의 비핵화 및 공포의 균형 방안을 마련하고 실천하는데 온 힘을 쏟아야 할 것이다.

부록

—

[부록 1]
선제공격에 의한 북한 비핵화:
과제와 보완요소

[부록 2]
한반도 비핵화에 관한 공동선언

부록 1

—

선제공격에 의한 북한 비핵화: 과제 및 보완 요소

선제공격이 일반적으로 성공할 수 있는 조건[100]으로서는 ①두 상황이 절대로 동시에 공존하기가 어려운 상황이어야 하며(mutual exclusion) ②두 상황이 동시발생 가능성은 있지만 한쪽의 상황이 다른 요소들에 의하여 지연되고 있어야만 하며(hold and wait) ③상대방의 선제공격이 없어야하며(no preemption) ④한 상황과 다른 상황이 순차적으로 진행되는 세트로 되어 있을 것 등이다.

한국의 북한에 대한 선제공격은 북한의 비핵화를 위해 한국이 구체적인 작전계획을 수립하고 북한이 아무런 원인 제공을 하지 않는 가운데 이행되는 선제공격과, 북한의 대량 살상 무기에 의한 대남 공격 징후가 포착되어 선제공격을 하는 경우[101] 두 가지를 이야기할 수 있다.

북한의 비핵화를 위한 선제공격은 한국이 오직 단일한 목표, 북한의 대남 공격 징후가 없는데도 먼저 공격을 감행하는 경우를 의미한다.[102]

선제공격에 의해 비핵화를 성공시키려면 첫째, 정부의 강력한 신념과 실천력이 필요하며, 둘째, 국민들의 지지가 있어야만 하며, 셋째, 동맹국의 협조 및 주변 강대국들로부터 동의를 얻는 국제적 지지가 필요하며, 넷째, 선제공격 능력 및 북한의 반격을 제압할 수 있는 능력을 구비하고 있어야만 한다.

위 4가지에 대해 성공에 필요한 요구 조건과 현 상황 및 보완 사항에 대해 분석하고자 한다.

1. 한국정부의 강력한 신념과 실천력

한국정부의 북한 비핵화를 위한 선제공격 이행에 대한 강력한

---

100) "Deadlock" (www.en.m.wikipedia.org 검색 2016. 3. 5일자)

101) [북한의 대남 살상 무기 공격 징후 목록]을 담은 징후 포착 시스템을 구축하여 놓아야만 함: 어떤 상황을 명확한 대남 대량 살상 무기 공격 징후 Red-line으로 볼 것인가에 대한 명확한 기준들을 설정하여 놓아야만 함. 〈예〉 ⓐ북한이 미사일로 핵공격을 한다는 선언을 하는 경우; ⓑ북한이 미사일 공격을 위한 구체적인 준비를 갖출 때; ⓒ북한이 핵미사일에 연료를 주입시킬 때; ⓓ연료 주입이 완료되고 로켓에 점화할 때 등 여러 가지 주장이 있을 수 있음.

102) [부록 1] 참조

신념과 실천력은 ①군 최고 통수권자인 대통령의 신념과 실천력 ②안보 외교라인 의사 결정권자들의 신념과 실천력 ③한국군 지휘관들의 신념과 실천력 등으로 나누어서 이야기할 수 있다.

선제공격에 의한 북한 비핵화를 위해서는 군 최고 통수권자인 대통령의 강력한 신념과 실천력이 가장 중요한 요소다. 대통령이 우선 북한의 비핵화는 반드시 이루어져야만 한다는 신념을 가져야만 한다. 최고 통수권자인 대통령이 북한의 비핵화를 두고 여타 방법들을 고려하여 보았지만 선제공격 이외에는 다른 방법이 있을 수 없다는 결론 아래 이를 반드시 실천하여야만 된다는 결심을 해야 한다.

대통령이 북한의 비핵화가 되어도 좋고 안 되어도 좋다는 식의 인식을 할 경우, 선제공격에 의한 비핵화는 절대 불가능하다. 대통령이 한국의 생존과 번영에 관한 절박감을 느끼지 않으면, 선제공격에 의한 비핵화를 성공시킬 수 없다.

대통령이 북한의 비핵화를 선택의 문제가 아닌 한국의 생존과 번영을 위한 숙명적 과제로 인식함과 동시에, 달리 방법이 없다는 결론을 내려야만 선제공격이 이루어질 수 있다. 선제공격 외에 다른 방안들이 있을 수 있다고 생각한다면 이 방안을 선택하기가 사실상 어렵다.

비핵화 방안들 가운데 가장 까다로운 요구 조건들을 필요로 하고, 북한의 반격이 있는 경우 가장 큰 위험성이 도사린 이 방안을 다른 가능성 있는 방안들이 있는데도 불구하고 선택한다는 것은 있을 수 없는 일이다. 따라서 대통령이 선제공격 외에 다른 방안이 없다는 확고한 믿음을 가져야 실천할 수 있다.

또한 외교 안보 라인에 근무하는 의사 결정권자들의 신념과 실천력이 덧붙여지지 않으면 성공을 거둘 수 없다. 다수의 외교 안보 라인의 의사 결정권자들이 100% 모두 강한 신념과 실천력을 보유하면 좋지만, 그렇게 되기는 어렵다. 그렇지만 그들 대부분이 반대하고 나설 경우, 사실상 선제공격은 실행하기 어려워진다.

선제공격이 국가적 차원에서 결정되면 군 지휘관들은 명령 이행 차원에서 반드시 이를 실천해야 한다. 군 지휘관들이 강한 신념과 실천력을 갖고 자발적이고 열성적인 태도로서 임무를 수행하는 경우와 그렇지 않은 경우는 많은 차이점이 드러나기 마련이다. 여기서 군 지휘관들의 신념은 정교하고 실수 없는 작전 계획 수립과 익숙한 훈련을 의미한다.

군 지휘관들이 강한 신념을 갖지 않으면 투철한 실천력도 나오지 않을 뿐 아니라, 설사 실천하더라도 실패할 가능성이 높아진다.

최고 통수권자의 북한 비핵화를 위한 선제공격 신념과 실천력은, 2016년 5월 현재 상당히 낮은 상태라고 볼 수 있다. 박근혜 대통령은 대북 정책으로서 한반도 신뢰 프로세스를 선포한 후, 남북한 신뢰 구축에 기대를 걸고 거의 3년이란 세월을 허송하였다. 2014년 3월 28일의 독일 드레스덴 연설은 대북 정책으로서 한반도 신뢰 프로세스를 계속 추진하겠다는 의지 표명이었으며, 대화와 신뢰 구축으로서 비핵화 문제도 풀겠다는 의지의 표현이었다.[103]

박근혜 대통령은 작은 신뢰에서부터 큰 신뢰로 서로의 관계를 확대하면서 남북 관계를 정상화시키려는 대북정책을 추구했다. "북한의 핵을 머리에 이고 남북한 간에 신뢰를 구축할 수 없다"고 주장하면서 북한의 비핵화 노력을 전제조건으로 이야기했다.

그러나 이러한 박 대통령의 노력은 2016년 1월 6일 북한의 제4차 핵실험, 같은 해 2월 7일의 대륙간 탄도미사일(광명성 4호) 실험으로 근본적인 변화를 초래했다. 박 대통령의 '신뢰를 바탕으로 한 북한에 대한 통 큰 지원'은 '가혹한 대가를 치르게 할 것'이란 회초리로 변화되었다. 그래서 2016년 2월 10일 '개성공단 전면 가동 중단'을 단행하면서 강경책으로 질적인 변화를 했다.

---

103) 2014. 3. 28 독일을 방문한 박근혜 대통령은 드레스덴에서 소위 '드레스덴 구상'을 발표했으며 그 요지는 다음과 같음: ①북한에 대한 인도적 문제 해결: 이산가족 상봉 정례화, 북한의 산모·유아 지원: ②민생 인프라 구축: 복합 농촌단지 건설, 교통·통신 건설 투자, 지하자원 개발; ③남북 동질성 회복: 남북 교류협력 사무소 설치, 역사·문화·예술·스포츠 교류; 2013년 8월 15일 박근혜 대통령은 광복절 기념 축사에서 "북한이 핵을 버리고, 국제사회의 일원으로 동참한다면 새로운 한반도 시대를 열어갈 수 있을 것이다. 다소 시간이 걸리더라도 상식과 국제적 규범이 통하는 남북 관계를 정립하겠다"고 연설하면서 한반도 신뢰 프로세스의 의미를 강조했음(2013. 8. 16일자 「박 대통령, 진정한 광복, 통일 때 완성」《조선일보》참조)

박 대통령의 개성공단 가동 중단 선언 이후 24시간 만인 2016년 2월 11일, 북한의 '군사 통제 구역화' 선포로 이어지면서 갈등이 고조되었다. 남북한 간 갈등 고조는 박근혜 대통령의 선제공격에 대한 신념을 굳히는 변수가 된다. 대통령이 대화와 신뢰 구축으로 북한의 비핵화 문제를 풀겠다는 의중을 가진 한, 선제공격에 의한 비핵화는 시도될 수가 없다.

2016년 4월 한국의 외교 안보 라인에서는 북한의 비핵화를 위해 선제공격을 하나의 방안으로 채택하려는 징후가 어느 정도 나타났다. 박근혜 대통령 집권 후 대북정책으로서 한반도 신뢰 프로세스에 몰입해 있는 동안은 외교 안보 라인도 오직 대화와 교류 협력, 신뢰 구축에 몰입되면서 선제공격 방안은 고려 대상이 되지를 못했다.

그러나 박 대통령의 대북 인식 변화와 함께 외교 안보 라인도 선제공격에 대한 관심이 어느 정도 고조되고 있는 상황이다. 북한의 비핵화를 위해 선제공격을 이행하려면 외교 안보 라인에 소속된 구성원들이 우선 강한 신념을 가져야 하고, 그 신념을 실천하는 구체적인 계획을 치밀하게 마련하여야 한다.

군의 지휘관들은 외교 안보 라인의 구성원들과는 달리 선제공격에 대한 의지를 기본적으로 갖고 있음이 포착되기도 한다. 예를 들면, 2013년 2월 6일, 정승조 합참의장이 국회 국방위에서 "북한이 핵무기를 사용한다는 명백한 징후가 있다면 선제타격을 할 수 밖에 없다"[104]는 주장을 펴면서 선제타격의 의향을 표출하였다.

뿐만 아니라 2013년 9월 9일 한미 양국 국방장관은 북한의 핵 폐기를 위한 소위 '맞춤형 억제전략' 수립을 완성하는 내용 속에 선제공격을 포함시키고 있다는 사실을 표명했다.[105] 한국군의 선제타격에 대한 신념과 의지는 상당히 있으며, 상황이 되면 실제 이행할 수 있는 실천력이 있다고 볼 수도 있다.

2. 선제공격에 대한 국민적 지지

북한 비핵화를 위한 선제공격은 일종의 극비 군사전략 개념이다. 극비의 군사전략에 관한 내용들은 국민들에게 사전에 공개되어 갑론을박하면서 실천 여부를 논쟁할 사안이 아니다. 사전에 국

---

104) 《동아일보》(2013. 2. 7), p. A01

105) 2013년 9월 8일 정부 소식통은 "한미 양국이 북한의 핵 위협에 대응한 '맞춤형 억제전략'을 지난 10여개월간 공동으로 연구해 지난 달 을지 프리덤 가디언(UFG) 연습 때 시험했으며 현재 완성 단계에 있다"고 말했다. 이 억제전략에는 북한이 핵 위협 후 사용 징후를 보일 때부터 실제 핵을 사용했을 때에 이르기까지 3단계에 걸쳐 양국이 사용할 수 있는 정치·외교·군사적 대응 방안을 담고 있다. 그동안 미국이 공언해 왔던 '핵우산 제공' 외에 북한의 탄도미사일 요격 등의 미사일 방어, 북한 핵시설에 대한 정밀타격 계획까지 포함돼 있다. 북한의 핵탄두 미사일 발사 등이 임박한 상황에서는 한국군의 사거리 300~800km의 탄도미사일 및 사거리 500~1,500km 이상의 순항미사일, 미군의 토마호크 순항미사일과 B-2 스텔스 폭격기 등을 활용한 선제타격 방안이 포함된 것으로 정해졌다."(2013. 9. 9일자 《조선일보》「韓美, 북 핵시설 정밀 타격 등 북 핵 3단계 대응방안 수립」참조)

민들에게 공개하여 국민들의 지지가 있으면 시행하고, 지지가 없으면 시행하지 않는 절차를 요구하는 사항이 아니다.

그러나 최고 통수권자의 결심과 군 지휘관들의 결정에 의해 선제공격은 일단 이행을 한 후 국가 안보 차원, 국민의 생존권 보호 차원에서 그 이행의 당위성을 국민들이 절대 부정해서는 안 된다. 선제공격에 대한 국민들의 지지란 사전에 이행 여부 지지를 의미하는 것이 아닌, 사후의 정당성지지 여부를 의미한다. 이스라엘의 경우도 선제공격을 이행한 후 의회 및 언론에서 논의를 한다.

상당수 한국인들은 북한 핵이 한국 및 한국인들의 생존에 어느 정도 치명적인 재앙의 요소인지에 대해 불감증이거나 무지하다.[106) 북한이 실제로 100% 핵을 보유하게 되면 얼마나 심각한 재앙이 되는지 논의 자체를 거부하는 분위기가 있다.

북한이 아무리 핵을 개발하고 있어도 한국이 핵개발을 해서는 안 된다는 주장도 나온다. 북한 핵의 위험성을 심각하게 거론하거나 한국이 핵을 보유하여야만 한다는 주장을 하면, '평화 교란

---

106) 독일 뮌헨대 교수 울리히 베크(Beck)는 "유럽에서 가장 관심을 많이 기울이는 한국 관련 뉴스는 북한의 핵문제다. 하지만 한국에선 너무나 익숙해 별 일 아니라는 식으로 반응한다. 어떻게 그렇게 무감각한지 이해하기 어렵다."(「한국 길을 묻다」 《조선일보》2014. 5. 21일자 참조)

분자', '극우 보수', '반(反)통일 분자', '안보 지상주의자' 등 부정적 인물로 낙인찍으면서 매도하는 분위기가 있다. 냉정한 안보 현실을 감안 '핵개발' 혹은 '미국의 전술 핵무기들 재배치', '핵보유' 주장을 하지 못하도록 하는 이적성 문화가 사회 전반적으로 침습해 있다.

이러한 주장들이 선제공격에 대해 극히 부정적인 여론이 되도록 해서는 안 된다. 북한 비핵화를 위해 이행한 선제공격이 얼마나 한국인 및 한국의 생존과 번영을 위해 필수적인 국가안보를 위한 조처였는가를 논리적으로 설득하고 국민적인 지지를 획득하여야만 한다.

3. 선제공격에 대한 국제적 지지

북한의 비핵화를 위해 선제공격을 하는 경우 동맹국 미국의 협조와 전략적 파트너 중국의 이해가 대단히 중요하다.[107] 미국의 협조 없이는 사실상 북한에 대한 선제공격이 어려울 수도 있다.

미국의 협조 방식에는 3가지를 고려할 수 있다. 첫째는 한미 양

---

107) 박형중 외(공저), 『북한 핵 보유 고수 전략의 도전과 대응 』(KINU연구총서 10-01), 서울: 통일연구원, 2010, p. 171.

국이 선제공격에 대한 공동 작전계획을 만들어 공동으로 실천하는 경우, 둘째는 선제공격에 대한 작전계획을 한국 단독으로 만들고 그 작전 계획 이행을 미국이 지원하는 경우, 셋째는 미국이 단독으로 작전 계획을 수립하고 그 이행을 한국이 지원하는 경우 등을 이야기할 수 있다.

한미 양국이 공동으로 선제공격에 대한 작전계획을 수립하고, 공동으로 실천하는 것이 가장 좋은 협조 방안이라고 볼 수 있다. 한미 모두 주인 정신을 갖고 보다 적극적인 자세로 임할 수 있다. 두 나라가 누구는 지원을 요청하고 누구는 지원해주는 관계보다, 다 함께 '공동 작전'이라는 개념 속에서 작전을 수행할 수 있다.

협조를 위한 구차한 설명도 필요 없다. 특히, 세계 최강국이자 현대화된 최첨단 병기들을 보유하고 있는 미국과 함께 한다는 것은 세계 최첨단 병기들을 총동원하여 작전을 수립할 수 있음을 뜻한다.

한국 단독으로 작전 계획을 수립하고 미국의 지원을 얻는 경우는, 여러 견해 차이가 있을 수 있다. 그러한 견해 차이를 줄이기 위하여 노력을 하되, 그로 인해 선제공격 자체를 포기해서는 안 된다.

미국 단독으로 작전 계획을 수립하고 한국이 지원하는 경우, 선제공격에 대한 주인이 미국이고 부(副)가 한국인 입장이 된다. 보다 치밀하고 효율적인 선제공격이 되기 위해서 치밀한 협조가 필요하다.

전략적 파트너 중국에 필요한 국제적 협조는, 왜 선제공격을 해야 하는가 하는 당위성을 사전에 이해시키는 일이다. 중국의 이해를 얻기 위해, 평소 외교적 차원에서 보안을 유지하는 가운데 그들을 설득해 나가야 한다.

한국의 노력에 의해 중국이 이해하는 경우와 이해하지 못하는 두 가지 경우가 있을 수 있다. 이해하는 경우는 국제적 협력 차원에서 선제공격에 대한 완벽한 국제적 협조 달성을 의미한다. 하지만 그게 결코 쉽지는 않을 것이다. 중국이 끝내 이해하지 않는 경우에 대한 대비책은 별도로 마련하여 놓고 선제공격을 감행하여야 한다.

미국은 2001년 테러 공격을 받은 이후, 테러와의 전쟁 개념을 선제공격 개념으로 전환했다.[108] 선제공격을 두고 동맹국 미국의

---

108) 북한의 비핵화 문제와 관련, 미국은 북한의 핵개발 불포기에 대해 경제적 제재(economic sanctions)나 무기화 금지 등을 이야기하면서도 실제로는 북한이 협상 테이블에 나오기를 기다리는 '전략적 인내 정책(strategic patience)'을 추구함으로 인해 사실상 북한의 비핵화는 이루어지지 않고 있으며, 오히려 북한에 핵무기 개발에 필요한 시간을 주고 있다는 비판을 받는다.(참조: Warren, Aiden, (eds.), The Obama Administration's Nuclear Weapon Strategy: The Promise of Prague, London and New York: Routledge, 2014, p. 147). 그러나 2016년 1월 6일 북한의 제4차 핵실험, 2월 7일 제4차 대륙간 탄도 미사일 발사 실험 이후 미국은 선제공격에 대한 관심을 갖고 2016년도 키 리졸브 및 독수리 훈련을 통해 구체적인 선제공격 실시 훈련을 하는 등 선제공격에 대한 관심이 고조되고 있는 상황임.

협조를 얻는 것은 그 타이밍이 대단히 중요하다. 평상시에 한국은 선제공격 할 수 있는 경우를 논의하고, 그럴 시기가 도래하면 즉시 선제공격한다는 작전계획을 수립하여 놓아야 한다.

미국은 북한의 핵개발에 대해 선제공격을 고려한 몇 번의 경험들이 있다. 1994년에도 정밀 타격에 의한 북한 핵시설 제거 방안을 적극적으로 검토한 바 있다. 1991년 12월 13일, 남북한은 소위 「한반도 비핵화에 관한 공동선언」을 선포하였다.

이에 따라 한국과 미국은 공동선언에 명기된 "남과 북은 핵무기의 시험, 제조, 생산, 접수, 보유, 저장, 배비, 사용을 하지 아니한다"(제1항)를 실제 실천에 옮겼다. 그렇지만 북한은 공동선언 선포 이후에도 계속적인 핵개발을 감행했다. 그것이 미국의 각종 정보기관들에 포착되면서 대화에 의한 비핵화가 불가능하다는 입장에서 선제공격을 적극 검토하였었다. 그러나 1994년 10월 21일 북미 간의 소위 제네바 합의가 도출되면서 선제공격은 유보되었다.

그 후 2009년 9월 영변의 핵 발전소에서 증기가 다시 올라오면서 북한이 원자로를 재가동한다는 정보가 있자 미국은 "북한은 넘을 수 없는 경계선(Red-line)을 넘었다"고 언급하였다. 2012년 4월 17일 미국 태평양 사령관 로커리얼(Samuel Locklear)은 "정밀 타격을 포함한 잠재적인 모든 방안(potentially all options)"을 고려하겠다고 밝힌 바 있다.

미국의 보수성 싱크탱크 헤리티지 재단 이사장 짐 드민트(De Mint)는 "북한이 핵에 대한 야망을 계속 드러낼 경우, 미국 정부는 한국에 '더 공격적인 무기체계'가 배치될 수 있다는 것을 북한은 물론 중국에도 알려야 한다.… 북한 핵 문제를 해결하려면 (6자회담과 같은) 협상도 중요하지만 대안도 있어야만 한다. '더 공격적인 무기체계'란 일단 북핵 시설 파괴를 위한 공격용 탄도 미사일이나 스텔스 전투기 배치, 주한 미군 증강을 염두에 둔 발언으로 보인다"고 주장하면서 선제공격 준비의 필요성을 언급했다.[109]

이러한 미국의 반응은 사실상 북한에 대한 선제공격 시나리오를 마련해 놓고 있음을 추정하게 해주는 내용이다.

선제공격의 적합한 타이밍은 북한이 한미 양국 및 주변국들의 공분(公憤)을 일으키게 하는 핵개발 행위를 함으로서 세계 여론의 호된 비판을 받는 상황이 제일 좋은 타이밍이다. 이와 관련하여 미국이 먼저 선제공격을 주장하고 한국이 동의하고 실시하는 것이, 공조 차원에서 미국의 적극성을 더욱 강하게 끌어낼 수 있다. 한국은 미국과 선제공격의 가능성을 전제로 평소에 치밀한 작전계획을 수립하여 놓고, 적절한 타이밍을 포착하는 공동 노력을 경주하여야 한다.

북한의 비핵화를 위해 한국이 단독으로 작전계획을 수립하고

---

109) 전현석 기자 「북핵 문제 협상도 중요하지만 대안도 필요」(2014. 5. 21일자 《조선일보》 참조)

미국의 지원을 획득하려는 경우, 한미 간에 의견 일치가 이뤄지지 않을 때를 대비하여 구체적인 대책을 수립하여 놓아야 한다. 당분간 한미 간의 갈등을 각오하고 이행하는 경우, 시간을 두고 결국 지원을 획득한 후 이행하는 경우 등을 면밀하게 검토하여 대책을 수립할 필요가 있다.

선제공격에 대한 중국의 이해와 협조 없이 공격을 감행할 수도 있다. 이럴 경우 사후 후유증이 얼마나 심각할지 미리 예측하여, 그에 대한 대비책을 완벽하게 구비해놓아야 한다.

4. 선제공격 능력 보유

선제타격이 성공을 거두기 위해서는 ①북한의 핵무기 생산을 위한 시설물들 및 핵무기 저장 장소 등에 대한 정확한 정보 보유 능력(위치, 규모, 상태 등)[110] ②설정한 목표물들을 격파, 불능화(不能化) 시킬 수 있는 능력 ③북한의 반격을 무력화시킬 수 있는 능력 등을 반드시 구비하여야만 한다.

북한의 비핵화와 관련 필요한 정보는 크게 두 가지다. 하나는 현재 개발되고 있는 핵 시설물들에 대한 정보이고, 다른 하나는

---

110) 권태영 외 (공저), op. cit., p. 236.

이미 생산 완료된 핵탄두 및 발사체와 관련된 정보다. 두 가지 관련 정보를 정확하게 확보하는 것이 선제공격을 위한 필수 요건이다. 이런 정보를 100% 완벽하게 가져야 선제공격이 성공을 거둘 수 있다.

100% 완벽한 정보를 획득한다는 것은 쉬운 일이 아니다. 하지만 그렇게 하지 못할 경우, 공격 목표물 설정에서 빠지는 핵 시설물과 핵무기 저장 장소가 있음을 의미한다. 결국 이것은 설정된 목표물의 격파에 미흡함이 있음을 드러내는 것이다.

설정한 목표물을 격파, 불능화 시킬 수 있는 능력을 구비하지 못하면 선제공격에 의한 비핵화는 사실상 불가능하다. 공격의 대상이 되고 있는 목표물들이 어떠한 상황 속에 있더라도 타격이 가능하도록 능력을 구비하여야만 실제 성공을 거둘 수 있다. 그 목표들이 지상, 지하의 땅굴 속, 인공이나 자연 엄체(掩體) 속 어디에 있던 상관하지 않고, 가격하여 파괴, 불능화시킬 수 있는 능력을 구비하고 있어야만 선제공격을 성공시킬 수 있다.

한국의 선제공격에 대해 북한의 반격은 필연적 상황이다. 북한의 반격을 허용하는 선제공격이라면 그러한 선제공격은 이행하지 않는 것이 좋다. 일단 선제공격을 감행할 시에는 북한이 반격을 스스로 포기케 하거나, 그렇지 않고 반격해 오는 경우 심각한 피해 없이 제압할 수 있는 만반의 준비를 갖추어 놓아야 한다.

북한의 핵무기 생산을 위한 시설물들 및 핵무기 저장 장소들에 대한 정확한 정보를 확보하기 위해서는 기존 한국 보유 정보와 미국 보유 정보들을 종합하여 심층 분석하면, 어느 정도 실제에 가까운 상황을 파악할 수 있을 것이다. 그러나 북한이 워낙 폐쇄적이고, 통제가 철저하며, 사술(詐術)이 심한 사회이기 때문에 두 나라 정보를 종합하더라도 100% 완벽한 정보를 획득한다는 것은 사실상 대단히 어려운 과제다.

보다 더 정확한 정보를 확보하기 위해 정보기관들이 모든 수단을 총동원하여야 한다. 또한 미국 및 일본 정보기관과의 협조도 필수불가결하다. 근래에 동원된 새로운 첨단 정보수집 장비들, 거기에다 탈북자들을 최대로 동원하여 새로운 정보들을 수집·분석하도록 해야 한다. 최첨단 기술로 새롭게 발전된 영상정보, 기술정보, 인간정보 등 모든 정보들을 수집하고 분석하는 노력을 기울여야 한다.

목표물을 격파하여 불능화시키기 위해서는 한국과 미국이 보유한 능력을 총동원하여야 한다. 우리의 능력을 최대로 활용하면서, 우리가 갖지 못한 능력은 한미 안보 동맹 차원에서 최대의 협조를 받으면서 그 능력을 확보하여야 한다. 북한의 지상 목표물들, 지하와 땅굴 속 목표물들, 인공과 자연 엄체 속에 보호되고 있는 목표물들, 이동하는 목표물들을 정확하게 격파하여 불능화 시킬 수 있는 효율적인 각종 공격들이 갖추어져야 한다.

현재 한국군이 보유한 공격 역량들로서는 F-15전투기, 순항 미사일 등이 있다. F-15전투기는 마하 2.5, 전투 반경 1천800km, 다양한 정밀 유도 무기들을 장착하고 있으며, 2개 대대가 있다.

F-15전투기는 북한의 방공망을 회피하면서 핵시설을 파괴할 수 있는 능력을 지녔다. 순항 미사일은 사거리 1천500km, 적외선 영상 방식으로 목표물 확인, 1~3m 창문 안에 명중시킬 정도의 정밀도를 자랑하며, 이동식 순항미사일은 차량 및 함정에서도 발사가 가능하다. 이들은 현재 북한에 대해 선제타격을 할 수 있는 가장 효과적인 무기에 속한다.

북한 핵무기에 대한 '탐지-식별-결심-타격'의 과정, 즉, '킬 체인(kill-chain)'을 30분 이내에 완성한다는 보도가 있었다.[111] 이러한 '킬 체인'의 완성은 선제 타격력 확보에 큰 의미를 갖고 있다. 선제공격 역량은 반드시 포탄에 의한 공격 역량만을 의미하는 것은 아니다.

핵무기 생산 핵심 시설 및 장비들을 불능케 하는 특수 침투 및 파괴력 등은 모두 선제공격 역량이다. 선제공격을 성공적으로 수행키 위해 북한의 방공 시스템을 파괴하는 역량('눈알 뽑기')도 선제공격 역량이다.[112]

---

111) "한·미, 북한 핵무기 선제타격 능력은…탐지부터 타격까지 30분 내 완료 '킬 체인(kill chain)' 추진 북 탄도미사일 면밀 감시…탐지 능력 미국에 90% 의존"《조선일보》2013. 2. 8일자 참조)

한국은 2013년 초부터 이스라엘로부터 그린파이 레이더 2기를 도입 배치하였다. 이 그린파이는 북한의 미사일에 대한 탐지와 추격용이다. 그러나 그린파이 레이더는 여러 가지 미흡함이 있는 것으로 알려졌다. 그 미흡함을 보완하기 위해 미국의 X-밴드(X-band) 레이더를 한국에 배치하여 미국과 공유하는 일본식 방안을 채택할 필요성이 있다. 선제공격 역량을 구비하기 위해서는 한·미·일 3국공조가 필요한 것이다.

선제공격의 역량 증대를 위해 각양각색의 방법들을 모색하여야만 한다. 예를 들면, 한국-중국 간 '특수 연합군'을 극비에 창설하여 선제공격하는 것도 한 방안이다.[113] 그 외에도 한국이 보유하고 있는 사정거리 500km 포에 의한 공격,[114] 드론(Drone)에 의한 공

---

112) 예를 들면, 2000년 초반부터 미국이 테러와 전쟁 등에 높은 효율성을 갖고 활용하고 있는 드론(Drone)은 ①비용 저렴 ②첩보위성+전투기 기능 혼합 ③쉬운 기술 획득 등의 장점을 보유하고 있으며, 핵무기 생산 핵심 시설을 파괴할 수 있는 좋은 선제공격 역량임.(장노순, 「드론의 군비 경쟁과 안보 환경의 변화」, 제주평화연구원 『JPI 정책포럼』(No. 2014-07), pp. 6-7.

113) 한중 간 '특수 연합군' 창설이란 북한의 비핵화를 위해 한국의 특전사+중국의 특수부대+재중 북한 탈북자들로 특수 연합군을 만들어 이스라엘이 시리아의 핵시설 파괴를 위해 공격 전날 Dair Arzour 시리아의 원자로 시설에 시리아의 위장복을 입은 특수군을 침투시켜 선제공격을 위한 전제적인 임무들을 수행시킨 것처럼 북한의 핵시설 파괴, 핵무기 개발 작업 지연 등을 목표로 삼고 교육, 특수훈련, 실제 작전 전개 등을 이행함은 선제공격 역량 증대를 의미함.

114) 미국 Naval College에 근무하는 Terrence Rohrig 교수는 "북한의 비핵화를 위한 선제공격의 무기로서는 꼭 미국의 핵우산만 찾을 것이 아니라 한국과 주한 미군이 보유하고 있는 재래식 무기들이 더 적합할 수도 있다"고 주장(2014. 5. 15 세종연구소에서 실시한 workshop에서)

격, 한국 단독 특수군에 의한 공격 등을 고려할 수 있다.

북한의 핵무기에 대해 한국이 보유하고 있는 억제력이 충분하지는 않지만, 재래식 무기들까지 총동원하여[115] 최대한 활용하여야 한다.[116] 현재 한국이 북한 지역을 공격할 수 있는 무기는 야포(5천200문), 다연장포(200문), 지대지 미사일(30문), 전투함(120척), 잠수함(10척), 전투기(460대)[117] 등이다. 이러한 한국 보유 전력은 북한의 핵무기 관련 대상물들을 일격에 초토화할 수도 있다. 그런 의미에서 미국 전술 핵무기들의 한반도 재배치는 한국 방어를 위한 '공포의 균형(Balance of Terror)' 차원에서 절대로 필요하다.

그러나 전술 핵무기들은 미국의 국가 이익에 따라 우산 역할을 할 수도 있고, 전혀 하지 못할 수도 있다.[118] 한국을 보호하고 방어할 수 있는 확실한 전술 핵무기들이 될 수 있도록 그 사용에 대한 확실한 제도적 장치가 중요하다.

북한과 한국은 지리적으로 너무 근접되어 있어서 대응 시간이 극히 제한된 점이 큰 문제점 중 하나다. 특히, 북한이 보유하고 있는 200여 대의 이동식 미사일 발사 차량은 한국군과 주한 미군의 탐지를 매우 어렵게 하는 요소가 되고 있다. 이동식 미사일 발사

---

115) 권태영 외 (공저), op. cit., p. 249

116) James M. Acton, op. cit., p. 53.

117) 국방부, 『2012 국방백서』, 서울: 국방부, 2012, p. 289.

118) 권태영 외(공저), op. cit., p. 219.

차량 무력화에 대한 한미 공동 대응 전략 수립이 반드시 필요하다.

북한의 보복을 무력화시킬 수 있는 능력은 선제공격의 가장 중요한 필수적인 요소다. 이스라엘의 경우 선제공격을 당한 이라크나 시리아는 보복 공격을 감행할 경우 이스라엘이 핵 공격을 가할 것이며, 그렇게 되면 국가 자체가 멸망할 수 있다는 공포심 때문에 감히 보복 공격을 하지 못하였다.

한국의 경우 두 가지를 이야기할 수 있다. 첫 번째는 북한이 한국을 선제공격하는 경우와, 한국의 선제공격에 대해 북한이 보복의 차원에서 공격하는 경우다. 북한이 보복 공격을 가할 경우에는 북한 자체가 없어질 수 있다는 계산이 되도록 그들에게 일깨워주는 것이 절대로 필요하다. 한국과 미국의 안보 역량을 동원하여, 북한의 보복에 대해 북한 정권 자체를 사라지게 할 수 있다는 점을 확실하게 알려주어야만 한다.

북한이 보복 공격을 감행하는 경우 붕괴·멸망할 수 있다는 사실을 알려주는 방법은 여러 가지가 있을 수 있다. 가장 확실한 방법은 한국 및 한미연합군이 북한의 보복 공격력을 무력화시킬 수 있는 충분한 전력을 구비하고 있다는 점을 북한이 분명히 깨닫도록 하는 일이다.

북한의 반격을 무력화시키기 위해서는 북한 미사일 기지를 사전에 파악해놓고 이를 격파할 수 있는 능력을 구비하여야 한다. 북한은 한반도 전역 어디든지 공격할 수 있는 1천여 기 정도의 미사일을 보유하고 있다.

사정거리 300km 스커드-B(Scud-B)와 사정거리 500km 스커드-C(Scud-C)를 합하여 600여 기, 사정거리 1천300km 노동미사일 200여 기, 사정거리 3천~4천km 무수단 미사일, 사정거리 5천 km 이상으로 추정되는 차량(TEL: Transporter Erector Launcher) 탑재 신형 미사일 KN-08[119], 기타 다양한 미사일 보유, 다양한 무인 정찰기, 인공위성, 레이더 등을 보유하고 있다.

한국의 방어능력은 북한의 IL-28 폭격기, MIG-21, 23, 29 전폭기 등이 핵무기 발사하지 못하도록 완벽한 차단 능력을 구비하고 있어야 한다. 한국은 고도의 방공체계를 통해 이들이 공격 징후를 보일 경우, 북한 상공에서 요격할 수 있어야 한다. 그러나 북한이 핵무기를 미사일에 탑재하여 공격할 경우 아직 이에 대한 공중 요격 능력을 구비하고 있지 못하다.[120]

한국은 2006년경부터 '한국형 미사일 방어망' 구축을 약속하면서, 최근에는 2018~2019년까지 패트리엇(PAC-3)과 유사한 요격 미사일인 국산 장거리 대공 미사일 '철매-2'를 개발한다는 방침을 발표한 바 있다. PAC-3형은 적 탄도미사일을 직접 맞혀 떨

---

119) 차량에 탑재하여 이동하기 때문에 추적이 어려움(특히, 레이더 탐지 사각지대에 들어가는 경우 더욱 어려움)

120) 박휘락, 「핵 억제 이론에 입각한 한국의 대북 핵 억제 태세 평가와 핵 억제 전략 모색」, 『국제정치논총』 제53집 3호 (2013), p. 157.

어뜨리는 '히트 투 킬(hit-to-kill)' 방식으로 PAC-2보다 요격률이 더 높은 것으로 알려졌다.

PAC-3는 북한 탄도미사일을 최대 고도 40km 상공에서 떨어뜨릴 수 있다고 한다.[121] 또한 한국은 패트리엇 PAC-2 미사일 2개 대대를 이미 보유하고 있다. 그러나 PAC-2는 적 탄도미사일이나 항공기 근처에서 폭발해 파편으로 목표물을 맞히는 '산탄(散彈)' 방식으로서, 요격률이 떨어지고 요격을 했다고 해도 남은 미사일 잔해가 지상에 떨어져 피해를 주는 약점이 있다.[122]

한국은 하층 방어를 위한 '철매-2' 방공 미사일을 조기에 개량하여 전력을 보완하여야만 한다. 미국의 PAC-3(사거리: 15~45km⁺, 고도: 10~15km 도입하면서, 상층 방어용 무기 체계인 종말 고고도 지역 방어(THAAD: 사거리 200km⁺, 고도:150km, 트럭 탑재, C-17로 1개 포대 전체 이동)급이나, 해상의 SM-3(사거리: 500km, 고도: 160km)급 무기체계 도입도 검토하여야만 한다.

주한 미군의 경우 직격 파괴가 가능한 PAC-3 2개 대대를 보유하고 있지만 고도가 10~15km, 사거리 15~45km에 불과하여 자신들의 기지 이외의 방어가 사실상 어렵다. 미국은 완벽한 MD 시설 구비를 위해 노력하고 있다.

---

121) 2014. 3. 12 김관진 국방장관은 방위산업추진위원회를 열고 "북한 탄도미사일을 요격할 수 있는 패트리엇 PAC-3 미사일을 이르면 2016년부터 도입한다"고 말함.(《조선일보》 2013. 2. 8일자) 참조)

122) 「패트리엇 PAC-3 미사일, 이르면 2016년 도입」(《조선일보》2013. 2. 8일자 참조)

미국의 미사일 방어망 구축(SDI: Strategic Defense Initiative 전략적 방위 구상)은 사실은 1983년 레이건(Ronald Reagan) 대통령 시절부터 추진되었다. 미국은 2004년부터 요격 미사일 배치를 시작했다.

　　현재 30기 정도의 요격 미사일(GBI: Ground-based Intercepter)을 캘리포니아와 알래스카에 배치한 상태다. 미국은 북한의 핵 미사일에 대한 대응조치로서 2017년까지 14기의 추가 요격 미사일 배치를 결정하여 놓고 있다. 미국은 21척의 미사일 방어 이지스함을 보유하고 있으며, 52개의 직격 파괴 능력을 가진 PAC-3 포대를 창설했다. [123]

---

123) 참조: http://missiledefenseadvocacy.org 미사일 방어

「한반도 비핵화에 관한 공동선언」(1992. 2. 19 발효)

남과 북은 한반도를 비핵화함으로써 핵 전쟁 위험을 제거하고, 우리나라의 평화와 평화통일에 유리한 조건과 환경을 조성하며, 아시아와 세계의 평화와 안전에 이바지하기 위하여 다음과 같이 선언한다.

1. 남과 북은 핵무기의 시험, 제조, 생산, 접수, 보유, 저장, 배비, 사용을 하지 아니한다.
2. 남과 북은 핵 에너지를 오직 평화적 목적에만 사용한다.
3. 남과 북은 핵 재처리 시설과 우라늄 농축 시설을 보유하지 아니한다.
4. 남과 북은 한반도의 비핵화를 검증하기 위하여 상대측이

선정하고 쌍방이 합의하는 대상들에 대하여 남북 핵 통제 공동위원회가 규정하는 절차와 방법으로 사찰을 실시한다.

5. 남과 북은 이 공동선언의 이행을 위하여 공동선언이 발효된 후 1개월 안에 남북 핵 통제 공동위원회를 구성·운영한다.

6. 이 공동선언은 남과 북이 각기 발효에 필요한 절차를 거쳐 그 문본을 교환한 날부터 효력을 발생한다.

1991년 12월 13일

남북 고위급 회담   북남 고위급 회담
남측대표단 수석대표   북측 대표단 단장

한국 국무총리 정원식   조선민주주의인민공화국
                정무원총리 연형묵

참고문헌

• 국가정보학회, 「이스라엘 국가안보정책」(해외출장보고서 (비 발간 문서),
  2011. 6. 20)

• 권태영 외(공저), 『북한 핵·미사일: 위협과 대응』, 북코리아, 2014.

• 김성한, 「미국 외교 특 속에서의 한국」, 신아시아연구소, 『新亞細亞』
  (Spring,2016, pp.33~49)

• 남만권, 『북핵문제와 한반도 안보』, 서울: KIDA Press, 2008.

• 박형중 외(공저), 『북한 핵 보유 고수 전략의 도전과 대응』(KINU연구총서
  10-01), 2010.

• 박휘락, 「북한 핵무기 사용 위협 시 선제타격(Preemptive Strike) 대안 분석」,
  한국국회, 『의정논총』(제8권 제1호, 2013, pp. 261-286)

• _____, 「핵 억제 이론에 입각한 한국의 대북 핵 억제 태세 평가와 핵 억제 전
  략 모색」, 『국제정치논총』 제53집 3호 (2013), pp. 147~180.

• _____, 「북한 핵 미사일 위협에 대한 군사적 전략」(2016. 2. 16 한센재단 주
  최 비공개 세미나 발표 논문)

• 배정호 외(공저), 『북한 핵의 국제정치와 한국의 대북 핵전략』(KINU 연구총서 11-10, 통일연구원, 2011)

• 서균렬, 「한국의 핵개발 능력과 과제」, (애국단체총협의회 주최, 안보심포지움 11-1, 주제 '한국도 핵을 개발해야 한다' 프레스센터 20층 국제회의실, 2011. 3. 3, 발표 논문, pp.26~34.)

• 세종연구소, 「제3차 북한 핵실험 이후 대책」(세종정책보고서 제72호 2013. 2)

• 송대성, 「북한 핵과 한국 생존책」, (신아시아연구소, 新亞細亞, Winter 2015, vol. 22, No. 4, pp. 26~35.)

• _____, 「북한 핵과 동북아 핵 도미노 어떻게 대응할 것인가?: 한국 생존 차원」, (국회의원 조명철, "북한 핵과 동북아 핵도미노, 어떻게 해결할 것인가?" 안보 전략 세미나, 2015. 6. 25 주제 발표 논문)

• 송대성·엄상윤·문순보·Efraim Inbar·Zachary Jutcovich(공저), 『북핵문제: 국제관계와 비핵화 방안』, 세종연구소, 2014.

• 이상우, 「휴전 60주년: 북한 핵과 남북관계」, 『新亞細亞』(Spring 2013, vol. 20, no. 1, pp. 30~42.)

• 이정훈, 『한국의 핵주권: 그래도 원자력이다』, 서울: 글마당, 2009.

• 임바, 이프레임 (Dr. Efraim Inbar: BESA Center 전략연구소 소장), 「불량국가의 비핵화 방안」, (세종정책보고서 2014-2, 2014. 7. 7 14시, 세종연구소 대강당, 세종 특강 내용)

• 장노순, 「드론의 군비 경쟁과 안보 환경의 변화」 제주평화연구원, 『JPI정책포럼』(2014. 5) (www.jpi.or.kr)

- 전경만 외(공저), 『북한 핵과 DIME(Diplomacy, Intelligence, Military, Economy) 구상』, 삼성경제연구소, 2010.

- 전성훈, 『미국의 對韓 핵우산 정책에 관한 연구』, 통일연구원, 2012.

- 한국전략문제연구소(편), 『북한 핵문제와 위기의 한국안보』, KRIS 창립20주년 기념논문집, 2007.

- 한국국가정보학회, 「이스라엘 국가안보정책」(해외출장보고서, 2011년 6월 20일, 비발간)

- 홍우택, 『북한의 핵·미사일 대응책 연구』(KINU 연구총서 13-09), 통일연구원, 2013.

- Anthony, Ian, "Geopolitical Conditions Enabling Nuclear Dusarmament", V R Raghavan, (eds.), *Global Nuclear Disarmament: Geopolitical Necessities*, India: Vu Books India PVT LTD, 2012, pp. 82~97.

- BBC, "How advanced is North Korea's nuclear programme?"(20 May 2015, 검색, 2015. 6. 15)

- Bishop, David J., "Dismantling North Korea's Nuclear Weapons Programs." Strategic Studies Institute, U.S. Army War College, April 2005(http://www.carlisle.army.mil/ssi/)

- Bobbitt, Philip, Freedman, Lawrence, and Treverton, Gregory F., (edd.), *US Nuclear Strategy: Reader*, Washington Square, New York: New York University Press, 1989.

- Chevrier, Marie Isabelle, Arms Control Policy: A Guide to the Issues,

California: Praeger, 2012.

- Cimbala, Stephen J., *Nuclear Weapons in the Information Age,* London·New York: Continuum International Publishing Group, 2012.

- Cooper Helene, "U.S. Defense Chief Arrives in South Korea Amid News of North's Missile Launches" (April 9, 2015, The New York Times, 검색 2015. 6. 15)

- Cordesman, Anthony H., *The Israli-Palestinian War Escalating to Nowhere,* Washington, D.C.: Prager Security International, 2005.

- Delpech, Therese, *Nuclear Deterrence in the 21st Century: Lessons from the Cold War for a New Era of Strategic Piracy,* Santa Monica: The RAND Corporation, 2012.

- Department of Defense, *Military and Security Developments Involving the Democratic People's Republic of Korea* (Washington D.C.: DoD, 2013)

- Dershowitz, Alan M., *Preemption: A Knife Cuts Both Ways,* New York·London: W.W. Norton & Company, 2006.

- Doyle, Michael W., *Striking First: Preemption and Prevention in international Conflict,* Princeton and Oxford: Princeton University Press, 2008.

- Gilboa, Eytan and Inbar, Efraim, *US-Israeli Relations in a New Era: Issuea and Challenges after 9/11.* London and New York: Routledge,

2009.

- Inbar, Efraim, (eds.), *Israeli's Strategic Agenda,* London and New York: Routledge' 2007.

- Follath, Erich and Stark, Holger, "The Story of 'Operation Orchard': How Israel Destroyed Syria's Al Kibar Nuclear Reactor," SPIGEL ONLINE International (http://www.spiegel.de/international/world/the-story-of-operation-orchard-how-israel-destroyed-syria-s-al-kibar-nuclear-reactor-a-658663.html)

- Jim Zanotti, (eds.), "Israel: Possible Military Strike Against Iran's Nuclear Facilities"(CRS Report for Congress, September 28, 2012)

- Gärtner, Heinz, 「북한은 핵 억지 정책을 포기하여야」(2013. 제주평화포럼 발표문)

- Lennon, Alexander T. J., and Eiss, Camille, *Reshaping Rogue States: Preemption, Regime Change, and U.S. Policy toward Iran, Iraq, and North Korea, Cambridge, Massachusetts,* London, England: The Mit Press, 2004.

- Nakdimon, Shlomo , *First Strike: The Exclusive Story of How Israel Foiled Iraq's Attempt to Get the Bomb,* New York: Summit, 1987.

- National Academy of Science, *Future of the Nuclear Security Environment in 2015,* Washington, D.C.: The National Academies Press, 2009.

- Ogilvie-White, Tanya, On *Nuclear Deterrence: The Correspondence of Sir Michael Quinlan,* IISS, 2011.

- Pauly, JR, Robert J., and Tom Lansford, *Strategic Preemption: US Foreign Policy and the Second Iraq War,* England: Ashgate Publishing Limited, 2005, pp. 49~51.

- Schoff, James L., *Nuclear Matters in North Korea: Building a Multilateral Response for Future Stability in Northeast Asia,* Virginia: Potomac Books, Inc., 2008.

- Shue, Henry and Rodin, David (ed.), *Preemption: Military Action and Moral Justification,* Oxford: University Press, 2007.

- Stearns, Peter, (eds.), N., Demilitarization in the Contemporary World, Chicago: University of Illinois Press

- Warren, Aiden, (eds.), *The Obama Administration's Nuclear Weapon Strategy: The Promise of Prague,* London and New York: Routledge, 2014.

- Wikipedia, "North Korea and Weapons of Mass Destruction", (last edited 10 days ago, 2015. 6. 15 검색 en.m.wikipedia.org)

- Zimmerman, Joseph F., *Congressional Preemption: Regulatory Federalism,* N.Y.: State University of New York Press, 2005.

기파랑耆婆郞은 삼국유사에 수록된 신라시대 향가 찬기파랑가讚耆婆郞歌의 주인공입니다. 작자 충담忠談은 달과 시내와 잣나무의 은유를 통해 이상적인 화랑의 모습을 그리고 있습니다. 어두운 구름을 헤치고 나와 세상을 비추는 달의 강인함, 끝간 데 없이 뻗어나간 시냇물의 영원함, 그리고 겨울 찬서리 이겨내고 늘 푸른빛 잃지 않는 잣나무의 불변함은 도서출판 기파랑의 정신입니다.

우리도 핵을 갖자

초판 1쇄 발행   2016년 7월 29일
초판 3쇄 인쇄   2016년 9월 13일

지은이   송대성
펴낸이   안병훈
펴낸곳   도서출판 기파랑
등 록   2004. 12. 27 제300-2004-204호
주 소   (03086) 서울시 종로구 대학로8가길 56 동숭빌딩 301호
전 화   02-763-8996(편집부) 02-3288-0077(영업마케팅부)
팩 스   02-763-8936
이메일   info@guiparang.com
홈페이지   www.guiparang.com
ⓒ송대성, 2016

ISBN 978-89-6523-707-5   03300